IL MIO PRIMO
DIZIONARIO
DI INGLESE

TASCABILE

Testi di Geronimo Stilton.

Coordinamento editoriale di Patrizia Puricelli.

Scelta dei vocaboli di Flebilla Rattini.

Collaborazione redazionale di Daniela Finistauri, Maria Ballarotti, Certosina Kashmir *e* Clare Stringer.

Redazione di Refusella Topato.

Direzione artistica di Roberta Bianchi *e* Flavio Ferron.

Grafica di copertina e impaginazione di Michela Battaglin.

Progetto grafico interni e impaginazione di Marta Lorini *e* Epierre - Milano.

Illustrazioni: Archivio Piemme.

www.geronimostilton.com

I Edizione 2008

© 2008 - EDIZIONI PIEMME S.p.A.
15033 Casale Monferrato (AL) - Via Galeotto del Carretto, 10
info@edizpiemme.it

International rights © ATLANTYCA S.P.A. - Via Telesio, 22 - 20145 Milan - Italy
www.atlantyca.com - contact: foreignrights@atlantyca.it

Stilton è il nome di un famoso formaggio prodotto in Inghilterra dalla fine del 17° secolo. Il nome Stilton è un marchio registrato. Stilton è il formaggio preferito da Geronimo Stilton. Per maggiori informazioni sul formaggio Stilton visitate il sito www.stiltoncheese.com

Stampa: Mondadori Printing S.p.A. - Stabilimento AGT

Geronimo Stilton

IL MIO PRIMO DIZIONARIO DI INGLESE

TASCABILE

PIEMME
Junior

MA PERCHÉ PROPRIO UN DIZIONARIO???

Cari amici roditori, il motivo per cui ho scritto questo dizionario di inglese è molto semplice.

Sono stato COSTRETTO!

Da chi, chiederete voi? Da un roditore molto, molto insistente, un vero SCOCCIATOPI.

Mio cugino... mio cugino Trappola!

Trappola

Geronimo

Tea

Benjamin

Scusate, non mi sono ancora presentato.

Il mio nome è Stilton, *Geronimo Stilton*...

Dirigo l'*Eco del Roditore,* il giornale più famoso dell'Isola dei Topi!

Ho scritto tanti libri e tutti hanno avuto successo qui, a Topazia. Ma un dizionario, lo confesso, non pensavo proprio di scriverlo, finché...

Dunque, circa un mese fa me ne stavo tranquillo nel mio ufficio quando squillò il telefono.

Subito allungai la zampa per rispondere: – Pronto, qui è Stilton, *Geronimo Stilton!*

Sentii una voce lontana, lontanissima: – Geronimo! Squittt, lo sai l'inglese, tu?

SQUITTT?

– Squittt? Sì, certo, perché?

– Uff, sono a Londra, devo andare all'aeroporto ma questo tipo, *anzi questo topo,* non ci capisce una crosta! Dai, parlagli tu!

Poi qualcuno disse in inglese:

– *Good morning, I am the taxi driver!* (buongiorno, io sono il tassista!).

Io risposi: – *Could you please take my cousin to the airport?* (per favore, potrebbe portare mio cugino all'aeroporto?).
– *Of course... goodbye!* (certo... arrivederci!).
– *Goodbye, thank you!* (arrivederci, grazie!).

Mentre riattaccavo, entrò di corsa il mio nipotino Benjamin.
– Zio Geronimo, hai sentito che zio Trappola è partito per un giro del mondo? Adesso è a Londra, nel Regno Unito, poi andrà a New York, negli Stati Uniti... un bellissimo viaggio!

GIRO DEL MONDO

– Certo, Benjamin. Guardiamo sull'atlante dove si trova ora?

Ma proprio in quel momento il telefono squillò di nuovo.

Era Trappola.

– Geronimooo, voglio sbafarmi un panino al formaggio ma non capisco cosa mugugna il barista, dai, parlagli tu!

– *Hallo, my name is Stilton, Geronimo Stilton, may I help you?* (pronto, il mio nome è Stilton, Geronimo Stilton, posso aiutarla?).

Guarda: là c'è New York...

... qui c'è Londra!

Ecco la bandiera del Regno Unito

Ecco la bandiera degli Stati Uniti d'America

– The price for a cheese sandwich is three pounds and twenty five pence... no discounts! (il prezzo di un panino al formaggio è tre sterline e venticinque, niente sconti!).

Trappola: – Digli che non ci penso neanche a pagare questa cifra per un misero panino SPUZZOLENTO e VERMINOSO! Quel formaggio lì risale alla preistoria, chiedigli se ha invece della torta alla ricotta... ma fresca, di giornata...

Sentii il barista che protestava: *– Hey you rat-snout, my sandwiches are delicious, how dare you...* (ehi tu, muso di pantegana, i miei panini sono ottimi, come ti permetti...).

In quel momento cadde la linea.

Bleah!!!!

Grrrrr...

– Come parli bene inglese, zio Geronimo! – disse Benjamin.

Io sorrisi, accarezzandogli le orecchiette con affetto.

– È importante oggi sapere l'inglese, Benjamin: è la lingua universale che permette di viaggiare, di navigare su Internet, di comunicare con amici in ogni parte del mondo... il momento migliore per impararla è da piccoli!

Il telefono **SQUILLÒ** di nuovo. *DRIIIN* *DRIIIN* *DRIIIN*

– Geronimoooooooooo, sono ancora io! Credo di essermi innamorato! Ho incontrato una topolina con gli occhi azzurri che mi fa frullare i baffi... le puoi dire che ha degli occhi bellissimi? Eh? Geronimo... dai...

Io sospirai e mormorai nella cornetta, imbarazzato:

– *Ahem, your eyes are beautiful...* (ehm, i suoi occhi sono bellissimi...).

Una voce femminile strillò: – *My boyfriend is a very, veeeery jealous rugby player who will give your cousin a black eye!* (il mio fidanzato è un giocatore di rugby molto, mooolto geloso che farà a tuo cugino un occhio nero!).

Non feci in tempo a tradurre che mio cugino gridò:
– SQUITTT... AHIAAAAAA! – poi cadde di
nuovo la linea. Pochi minuti dopo il telefono squillò
ancora.

Un medico annunciò solenne: – *Please tell your
cousin that we have to x-ray his tail, to check
whether it's broken!* (per favore, dica a suo cugino
che dobbiamo fargli i raggi X alla coda, per control-
lare se è rotta!).

Intanto sentivo Trappola strillare: – La coda non si
tocca! Giù le zampe dalla mia coda!

Io gridai al medico: – *Tell him to wait for me at the
hospital, I'm on my way!* (ditegli di aspettarmi in
ospedale, sto arrivando!).

Presi il primo aereo per Londra e riportai a casa
Trappola.
– Era proprio rotta – borbottò, tastando la coda
ingessata.
Poi squittì ammirato: – Certo che l'inglese lo sai
proprio bene, cugino. Anche a me piacerebbe trovare
sempre la parola giusta al momento giusto... – Poi
continuò: – Idea! Scrivi un dizionario d'inglese! Dai
Geronimo scrivilo, mi serve proprio un DIZIONARIO,
così non ti scoccerò più quando viaggio, che bello
un DIZIONARIO, insomma, Geronimo, lo scrivi o no?

Dai scrivilo, scrivilo, scrivilo!!! E scrivi tutte le parole
così potrò parlare **subito** inglese!
Conoscete mio cugino? È un sorcio molto, mooolto
insistente, un vero SCOCCIATOPI.
Io mi arresi. – E va bene!
Benjamin mi diede un bacino. – Zio Geronimo,
posso aiutarti a scrivere il dizionario? Così imparerò
anch'io l'inglese...
Così è stato. Ci è voluto un po' di tempo, ma ne vale-
va proprio la pena. Ecco il mio DIZIONARIO: è quello
che state leggendo voi adesso!

Che bello imparare l'inglese insieme!!!

P.S. *Trappola è già ripartito per fare finalmente il giro del mondo, ma da*
un po' non lo sento. Ora, quando cerca il significato di una parola, non mi
chiama più: sfoglia questo dizionario!

Il dizionario è diviso in tre sezioni: italiano-inglese, inglese-italiano, tavole tematiche. Le potete facilmente riconoscere dal colore della cornice (blu per italiano-inglese, rosso per inglese-italiano, verde per le tavole tematiche).

Tutte le parole inglesi sono accompagnate dalla pronuncia facile, indicata tra parentesi: in questa pagina trovate le regole per la lettura.

INGLESE FACILE

Imparate anche voi a parlare inglese!

Grazie alla **pronuncia facile,** anche voi potete *parlare subito inglese!* Attenzione però: alcuni suoni della lingua inglese in italiano non esistono.

(ii): **feel** *(fiil)* è una *'i'* lunga, che in italiano non esiste. Anche le altre vocali possono avere un suono lungo.

(òu): **gold** *(góuld)* è un suono intermedio fra la *'o'* e la *'u',* che in italiano non esiste.

(c): **change** *(cèing)* è una *'c'* dolce, come in **cesto.**

(k): **cat** *(kèt)* è una *'c'* dura, come **caldo.**

(sc): **fish** *(fisc)* è un suono che equivale alla *'sc'* dell'italiano **sci.**

(g): **large** *(làrg)* è una *'g'* morbida, come **gelato.**

(gh): **bag** *(bègh)* è invece una *'g'* dura, come **gatto.**

(j): **television** *(televìjon)* è un suono intermedio tra la *'s'* e la *'g',* che in italiano non esiste.

(h): **have** *(hèv)* è una *'h'* aspirata, che in italiano non esiste.

(dh): **the** *(dhe o dhi davanti a vocale o h)* è un suono che in italiano non esiste e si ottiene schiacciando la lingua contro i denti.

(th): **thanks** *(thènks)* è un suono simile al precedente, ma si ottiene tenendo la lingua tra i denti.

(eu): **first** *(féurst)* è un suono tra la *'e'* e la *'u'* che in italiano non esiste.

ITALIANO INGLESE

aeroplano = **aeroplane**

a = **at** *(èt)*

abbracciare = **to hug** *(tu hàgh)*

abbronzatura = **tan** *(tèn)*

abitare = **to live** *(tu lìv)*

accadere = **to happen** *(tu hàpen)*

accanto = **beside** *(bisàid)* / **near** *(nìar)* /
next to *(nèkst tu)*

accappatoio = **bathrobe** *(bàthrob)*

(essere d') accordo = **to agree** *(tu egrìi)*

acqua = **water** *(uótar)*

addio = **bye-bye** *(bài-bài)*

addormentato = **asleep** *(eslìip)*

adesso = **now** *(nàu)*

aeroplano = **aeroplane** *(èirplein)*

acqua **water**

aeroplano **aeroplane**

aeroporto = **airport** *(èirport)*

affamato = **hungry** *(hàngri)*

affari = **business** *(bìsnes)*

aiuto = **help** *(hèlp)*

ala = **wing** *(uìngh)*

albergo = **hotel** *(hotèl)*

albero = **tree** *(trìi)*

ambulanza
ambulance

albicocca = **apricot** *(éiprikot)*

allegro = **cheerful** *(cìirful)* /

 happy *(hèpi)* / **merry** *(mèri)*

altezza = **height** *(hàit)*

alto = **tall** *(tól)* / **high** *(hài)*

altro = **other** *(àdher)*

alunno = **pupil** *(piùpl)*

amore **love**

amaro = **bitter** *(bìter)*

ambulanza = **ambulance** *(àmbiulans)*

amico = **friend** *(frènd)*

amore = **love** *(làv)*

ananas = **pineapple** *(pàinepl)*

anatra = **duck** *(dàk)*

anatroccolo = **duckling** *(dàklin)*

anche = **also** *(ólso)*

ancora = **again** *(eghéin)* /
  more *(móur)* / **yet** *(ièt)*

ananas
pineapple

(non) ancora = **not yet** *(nòt ièt)*

andare = **to go** *(tu góu)*

andare bene = **to fit** *(tu fìt)*

anello = **ring** *(rìn)*

angolo = **corner** *(kóurner)*

animale = **animal** *(ènimol)*

animale domestico = **pet** *(pèt)*

anno = **year** *(ìar)*

anello **ring**

ape = **bee** *(bìi)*

aperto = **open** *(óupen)* / **wide** *(uàid)*

(all') aperto = **outdoors** *(autdóors)*

appartamento = **flat** *(flàt)*

appartenere a = **to belong to** *(tu bilòn tu)*

appuntamento = **appointment** *(appòintment)* /
   date *(déit)*

aprire = **to open** *(tu óupen)*

arancia / arancione = **orange** *(òreng)*

arcobaleno = **rainbow** *(réinbou)*

argento = **silver** *(sìlver)*

armadio = **wardrobe** *(uódrob)*

arrabbiato = **angry** *(èngri)*

arrampicarsi = **to climb** *(tu klàim)*

arrivare = **to arrive** *(tu eràiv)*

arrivederci = **goodbye** *(gudbài)* /
   bye-bye *(bài-bài)*

argento **silver**

arrampicarsi
to climb

ascensore = **lift** *(lìft)*

asciugamano = **towel** *(tàuel)*

asciutto = **dry** *(drài)*

ascoltare = **to listen (to)** *(tu lìsn tu)*

aspettare = **to wait (for)** *(tu uéit for)*

attenzione = **attention** *(atènscion)*

attraversare = **to cross** *(tu kròs)*

attraverso = **through** *(thrù)* / **across** *(ekròs)*

auguri = **wishes** *(uìscis)* / **greetings** *(grìitins)*

aula = **classroom** *(klàssruum)*

autobus = **bus** *(bàs)*

automobile = **car** *(kàr)*

avanti = **forward** *(fóuod)*

avere = **to have** *(tu hèv)*

ascensore **lift**

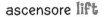

bolla = **bubble**

Babbo Natale = **Father Christmas**
(fàdhar krìsmas) / **Santa Claus** *(sènta klòus)*

bacio = **kiss** *(kìs)*

bagaglio = **luggage** *(làgheg)*

bagnato = **wet** *(uèt)*

bagno = **bathroom** *(bàthruum)*

ballare = **to dance** *(tu dàns)*

bambini = **children** *(cìldren)*

bacio **kiss**

bambino = **child** *(ciàild)*

banca = **bank** *(bànk)*

banco = **desk** *(dèsk)*

bandiera = **flag** *(flàgh)*

barba = **beard** *(bìard)*

barca = **boat** *(bóut)*

basso = **low** *(lóu)*

basso (di statura) = **short** *(sciórt)*

bastone = **stick** *(stìk)*

battere = **to beat** *(tu bìit)*

bagnato **wet**

bellezza = **beauty** *(biùti)*
bello = **fine** *(fàin)* /
  beautiful *(biùtiful)*
bene = **well** *(uèl)* / **good** *(gùd)*
benzina = **petrol** *(pètrol)*
bere = **to drink** *(tu drìnk)*
bicchiere = **glass** *(glàs)*
bicicletta = **bicycle** *(bàisikl)*

bicchiere
glass

biglietto = **ticket** *(tìket)* / **card** *(kàad)*
biondo = **blond** *(blònd)* / **fair** *(fèar)*
biscotto = **biscuit** *(bìskit)* / **cookie** *(kùki)*
(avere) bisogno = **to need** *(tu nìid)*
bistecca = **steak** *(stéik)*
blu = **blue** *(blù)*
bocca = **mouth** *(màuth)*
bolla = **bubble** *(bàbl)*
borsa = **bag** *(bègh)*
bottiglia = **bottle** *(bòtl)*

bolla **bubble**

bottone = **button** (bàton)

braccio = **arm** (àrm)

bravo = **good** (gùd)

briciola = **crumb** (kràm)

bruciare = **to burn** (tu bèurn)

bruco = **caterpillar** (kèterpilar)

brufolo = **spot** (spòt)

brutto = **ugly** (àghli)

buco = **hole** (hóul)

buffo = **funny** (fàni)

bugia = **lie** (lài)

buio = **dark** (dàak)

buona notte = **good night** (gùd nàit)

buongiorno = **good morning** (gùd mónin)

buono = **good** (gùd)

burro = **butter** (bàtar)

bussare = **to knock** (tu nòk)

busta = **envelope** (ènveloup)

bruco
caterpillar

buffo **funny**

come = how

cadere = **to fall** *(tu fól)*

caffè = **coffee** *(kòfi)*

calcio = **kick** *(kìk)*

caldo = **hot** *(hòt)* / **warm** *(uórm)*

calore = **heat** *(hìit)*

calza = **sock** *(sòk)*

cambiare = **to change** *(tu céing)*

camera = **room** *(rùum)*

camicia = **shirt** *(scèrt)*

caminetto = **fireplace** *(fàiarpleis)*

camminare = **to walk** *(tu uók)*

campagna = **country** *(kàntri)*

campana = **bell** *(bèl)*

campo = **field** *(fiild)*

caffè **coffee**

cadere **to fall**

27

cancello = **gate** *(ghéit)*

candela = **candle** *(kèndl)*

cane = **dog** *(dògh)*

canestro = **basket** *(bàsket)*

cantare = **to sing** *(tu sìn)*

canzone = **song** *(sòn)*

(essere) capace di = **to be able to** *(tu bi éibl tu)*

cantare **to sing**

capelli = **hair** *(hèar)*

capire = **to understand** *(tu anderstènd)*

capo = **chief** *(cìif)* / **leader** *(lìdar)*

capovolto = **upside down** *(àpsaid dàun)*

cappello = **hat** *(hàt)*

cappello con visiera = **cap** *(kèp)*

cappotto = **coat** *(kóut)*

cappuccio = **hood** *(hùd)*

caramella = **sweet** *(suìit)* / **candy** *(kèndi)*

carino = **nice** *(nàis)* / **lovely** *(làvli)*

carne = **meat** *(mìit)*

caro = **dear** *(dìar)*

carota = **carrot** *(kàrrot)*

carta = **paper** *(péipar)*

carta igienica
toilet paper

carta di identità = **identity**
   card *(aidéntiti kàad)*

carta igienica = **toilet paper** *(tòilet péipar)*

carte da gioco = **cards** *(kàads)*

cartolina = **postcard** *(póustkard)*

cartoncino = **card** *(kàad)*

casa = **house** *(hàus)*

casa propria = **home** *(hóm)*

castagna = **chestnut** *(cèsnat)*

castello = **castle** *(kàssol)*

cattivo = **bad** *(bèd)*

castello **castle**

cavallo = **horse** *(hóurs)*

caviglia = **ankle** *(ànkol)*

cena = **dinner** *(dìnar)* / **supper** *(sàpar)*

centro = **centre/center** *(sèntar)*

cercare = **to look for** *(tu lùk for)*

cespuglio = **bush** *(bùsc)*

cestino = **basket** *(bàsket)*

cestino
basket

chi = **who** *(hù)*

chiacchierare = **to chat** *(tu ciàt)*

chiamare = **to call** *(tu kól)*

chiarire = **to clear** *(tu klìar)*

chiaro = **light** *(làit)* /
  clear *(klìar)*

chiave = **key** *(kì)*

chiedere = **to ask** *(tu àsk)*

chiesa = **church** *(cèurc)*

chiodo = **nail** *(néil)*

chitarra = **guitar** *(ghitàr)*

chiacchierare
to chat

cespuglio **bush**

chiudere = **to close** *(tu klóus)* /
  to shut *(tu sciàt)*

chiudere a chiave = **to lock** *(tu lòk)*

chiuso = **closed** *(klóusd)*

ciabatte
skippers

ciabatte = **slippers** *(slìpers)*

ciao = **hello** *(halóu)* / **bye-bye** *(bài-bài)*

ciascuno = **each** *(iic)* / **every** *(èvri)*

cibo = **food** *(fùud)*

cielo = **sky** *(skài)*

ciliegia = **cherry** *(cèri)*

cima = **top** *(tòp)*

cinema = **cinema** *(sìnema)*

ciliegia
cherry

cintura = **belt** *(bèlt)*

cioccolato = **chocolate** *(ciòkleit)*

cipolla = **onion** *(ònion)*

circa = **about** *(abàut)*

cioccolato
chocolate

città = **town** *(tàun)* / **city** *(sìti)*

coda = **tail** *(téil)* / **queue** *(kiù)*

cognome = **surname** *(sèurneim)* /
  last name *(làst néim)*

colazione = **breakfast** *(brèkfast)*

colla = **glue** *(glùu)*

collana = **necklace** *(nèkleis)*

collina = **hill** *(hìl)*

collo = **neck** *(nèk)*

colore = **colour/color** *(kàlar)*

colpa = **fault** *(fóut)*

città **city**

colpire = **to hit** *(tu hìt)*

coltello = **knife** *(nàif)*

combattere = **to fight** *(tu fàit)*

come = **how** *(hàu)* / **like** *(làik)*

comignolo = **chimney** *(cìmni)*

comodo = **comfortable** *(kàmfoutebl)*

compito = **homework** *(hómuork)*

compleanno = **birthday** *(bérthdei)*

comprare = **to buy** *(tu bài)*

con = **with** *(uìdh)* / **by** *(bài)*

conoscere = **to know** *(tu nóu)*

consegna = **delivery** *(delìveri)*

conservare = **to keep** *(tu kìip)*

contare = **to count** *(tu kàunt)*

contento = **glad** *(glàd)*

conto = **bill** *(bìl)*

contro = **against** *(eghéinst)*

coperta = **blanket** *(blànket)*

come **how**

comprare
to buy

correre **to run**

copiare = **to copy** *(tu kòpi)*

coppia = **couple** *(kàpl)*

corda = **rope** *(róup)* /
   string *(strìn)*

corda
rope

corno = **horn** *(hórn)*

corona = **crown** *(kràun)*

corpo = **body** *(bòdi)*

correre = **to run** *(tu ràn)*

corsa = **race** *(réis)*

corona **crown**

corto = **short** *(sciórt)*

cosa = **thing** *(thìn)*

costa = **coast** *(kòust)*

costare = **to cost** *(tu kòst)*

costoso = **expensive** *(ekspènsiv)*

costruire = **to build** *(tu bìld)*

costume da bagno = **swimsuit** *(suìmsut)*

cravatta = **tie** *(tài)*

credere = **to believe** *(tu bilìiv)*

crescere = **to grow** *(tu gróu)*

costume da bagno
swimsuit

costruire
to build

crudo = **raw** *(róu)*

cucchiaio = **spoon** *(spùun)*

cucciolo = **puppy** *(pàpi)*

cucina = **kitchen** *(kìcen)*

cugino = **cousin** *(kàsn)*

cuoco = **cook** *(kùk)*

cuoio = **leather** *(lèdhe)*

cuore = **heart** *(hàrt)*

cuscino = **pillow** *(pìlou)*

cuore **heart**

cucina **kitchen**

cuoco **cook**

dinosauro = **dinosaur**

da = **from** *(fròm)* / (da quando) **since** *(sìns)*

dare = **to give** *(tu ghìv)*

data = **date** *(déit)*

davanti = **ahead** *(ehèd)* /
  in front (of) *(in frònt òv)*

data **date**

debole = **weak** *(uìik)*

decidere = **to decide** *(tu disàid)*

dente = **tooth** *(tùth)*

denti = **teeth** *(tìith)*

dentifricio = **toothpaste** *(tùthpeist)*

dentista = **dentist** *(dèntist)*

dentro = **in** *(ìn)* / **inside** *(insàid)* / **into** *(ìntu)*

desiderare = **to wish** *(tu uìsc)*

desiderio = **wish** *(uìsc)*

destra = **right** *(ràit)*

di = **of** *(òv)*

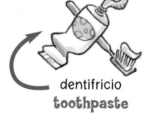

dentifricio
toothpaste

dietro = **behind** *(bihàind)*

difficile = **difficult** *(dìficolt)* / **hard** *(hàad)*

dimenticare = **to forget** *(tu forghèt)*

dinosauro = **dinosaur** *(dàinosor)*

dipingere = **to paint** *(tu péint)*

dire = **to say** *(tu séi)*

disegnare = **to draw** *(tu dró)*

disegno = **drawing** *(dróin)*

disgustoso = **disgusting** *(disgàstin)*

disordine = **mess** *(mès)*

dispari = **odd** *(òd)*

disubbidiente = **naughty** *(nóuti)*

dito = **finger** *(fìngar)*

divano = **sofa** *(sóufa)*

diventare = **to become** *(tu bikàm)*

diverso = **different** *(dìfrent)*

dinosauro
dinosaur

divertimento = **fun** *(fàn)*

divertirsi = **to enjoy (oneself)** *(tu engiòi uansèlf)*

dividere = **to share** *(tu scèr)*

doccia = **shower** *(sciàuar)*

dogana = **customs** *(kàstoms)*

dolce = **sweet** *(suìit)*

dolore = **pain** *(péin)* / **ache** *(éik)*

domanda = **question** *(kuèstion)*

domandare = **to ask** *(tu àsk)*

domani = **tomorrow** *(tumòrou)*

donna = **woman** *(uòman)*

donne = **women** *(uìmen)*

dopo = **after** *(àfter)*

doppio = **double** *(dàbol)*

dormire = **to sleep** *(tu slìip)*

dorso = **back** *(bàk)*

dottore = **doctor** *(dòktor)*

dove = **where** *(uèr)*

drago = **dragon** *(drègon)*

dritto = **straight** *(stréit)*

durante = **during** *(diùrin)*

duro = **hard** *(hàad)* / **tough** *(tàf)*

dolce **sweet**

dolore **pain**

elegante = **smart**

e = **and** *(ènd)*

educato = **polite** *(polàit)*

elastico = **rubber band** *(ràbar bènd)*

elegante = **smart** *(smàrt)*

elettrico = **electric** *(elèktrik)*

entrambi = **both** *(bóuth)*

entrata = **entrance** *(èntrans)*

erba = **grass** *(gràs)*

errore = **mistake** *(mistéik)*

esame = **exam** *(eksàm)*

elegante **smart**

esattamente = **exactly** *(eksèktli)*

esercizio = **exercise** *(éksersais)*

esploratore = **explorer** *(eksplòrer)*

essere = **to be** *(tu bì)*

(all') esterno = **outside** *(autsàid)*

età = **age** *(éig)*

etichetta = **label** *(léibl)*

esploratore **explorer**

festa = **party**

faccia = **face** *(féis)*

facile = **easy** *(ìsi)*

fagiolo = **bean** *(bìin)*

falso = **false** *(fóls)*

farfalla
butterfly

fame = **hunger** *(hàngher)*

(avere) fame = **to be hungry** *(tu bi hàngri)*

famiglia = **family** *(fèmili)*

fantasma = **ghost** *(góst)*

fare = **to do** *(tu dù)* / **to make** *(tu méik)*

farfalla = **butterfly** *(bàteflai)*

farina = **flour** *(flàuar)*

farmacia = **chemist's (shop)** *(kèmists sciòp)*

famiglia
family

fata = **fairy** *(fèari)*

fatto di = **made of** *(méid ov)*

fattoria = **farm** *(fàrm)*

fazzoletto = **handkerchief** *(hènkecif)*

felice = **happy** *(hèpi)* / **merry** *(mèri)*

fermare / fermarsi = **to stop** *(tu stòp)*

ferro da stiro = **iron** *(àiron)*

festa = **party** *(pàrti)*

fetta = **slice** *(slàis)*

fiaba = **fairy tale** *(fèari téil)*

fiamma = **flame** *(fléim)*

fiammifero = **match** *(mèc)*

figlia = **daughter** *(dóutar)*

figlio = **son** *(sàn)*

fila = **queue** *(kiù)*

film = **movie** *(mùuvi)*

fine = **end** *(ènd)*

finestra = **window** *(uìndou)*

festa **party**

finestra **window**

Odio firmare assegni...

I can't stand signing cheques...

firmare
to sign

finire = **to finish** *(tu finisc)*

finto = **false** *(fóls)*

fiore = **flower** *(flàuar)*

firmare = **to sign** *(tu sàin)*

fischietto = **whistle** *(uìsol)*

fiume = **river** *(rìver)*

foglia = **leaf** *(lìif)*

foglie = **leaves** *(lìivs)*

foglio = **sheet** *(scìit)*

folla = **crowd** *(kràud)*

fondo = **bottom** *(bòtom)*

forchetta = **fork** *(fórk)*

forma = **shape** *(scéip)*

formaggio = **cheese** *(cìis)*

formica = **ant** *(ènt)*

formaggio
cheese

forse = **maybe** *(méibi)* / **perhaps** *(perhèps)*

forte = **strong** *(stròn)*

fortunato = **lucky** *(làki)*

fotografare = **to take a picture** *(tu téik é pìkcia)*

fra = **between** *(bituìin)*

fragola = **strawberry** *(stróberi)*

francobollo = **stamp** *(stàmp)*

fratello = **brother** *(bràdhar)*

freddo = **cold** *(kóuld)*

frigorifero = **fridge** *(frìg)*

frullatore = **blender** *(blèndar)*

francobollo
stamp

frutta = **fruit** *(frùt)*

fuoco = **fire** *(fàiar)*

fuori = **out** *(àut)* / **outside** *(autsàid)*

graffio = **scratch**

gamba = **leg** *(lègh)*

gara = **competition** *(kompetìscion)*

gatto = **cat** *(kèt)*

gelato = **ice-cream** *(àis-krim)*

gemelli = **twins** *(tuìns)*

genere = **kind** *(kàind)*

genitori = **parents** *(pèrents)*

gente = **people** *(pìpol)*

gentile = **kind** *(kàind)*

ghiaccio = **ice** *(àis)*

già = **already** *(olrédi)*

giacca = **jacket** *(giàket)*

giardino = **garden** *(gàrdn)*

gigante = **giant** *(giàiant)*

ginocchio = **knee** *(nìi)*

giocare = **to play** *(tu pléi)*

giocattolo = **toy** *(tòi)*

gioco = **game** *(ghéim)*

gelato
ice-cream

giocare **to play**

49

gioiello = **jewel** *(giùel)*

giornale = **newspaper** *(niùspeipar)*

giorno = **day** *(déi)*

giovane = **young** *(iàngh)*

girare = **to turn** *(tu tèurn)*

giù = **down** *(dàun)*

giusto = **right** *(ràit)*

goccia = **drop** *(dròp)*

gomma = **rubber** *(ràbar)* /

   eraser *(irèisar)* / **gum** *(gàm)*

giornale
newspaper

gomma da masticare =

   chewing gum *(ciùin gàm)*

gonna = **skirt** *(skèert)*

grado = **degree** *(digrìi)*

graffio = **scratch** *(skrèc)*

grande = **big** *(bìgh)* /

   great *(gréit)* / **large** *(làrg)*

graffio **scratch**

grasso = **fat** *(fàt)*

gratuito = **free** *(frìi)*

grazie = **thank you** *(thènk iù)*

gridare = **to shout** *(tu sciàut)* /
  to scream *(tu skrìim)*

guanto **glove**

gruppo = **group** *(grùp)* /
  (gruppo musicale) **band** *(bènd)*

guanto = **glove** *(glàv)*

guardare = **to look at** *(tu lùk èt)* /
  to watch *(tu uòc)*

guerra = **war** *(uór)*

guidare = **to drive** *(tu dràiv)*

gusto = **taste** *(téist)*

guidare
to drive

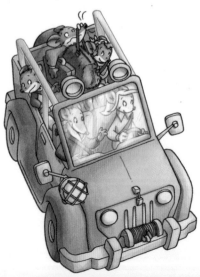

Halloween = **Halloween**

hockey
hockey

Halloween = **Halloween** *(helouìin)*
hockey = **hockey** *(hòkei)*

inchiostro = **ink**

idea = **idea** *(aidìa)*

ieri = **yesterday** *(ièstedei)*

imparare = **to learn** *(tu lèrn)*

impermeabile = **raincoat** *(réinkout)*

importante = **important** *(impótant)*

in = **in** *(ìn)* / **inside** *(ìnsaid)* / **into** *(ìntu)*

incendio = **fire** *(fàiar)*

inchiostro = **ink** *(ìnk)*

incominciare = **to begin** *(tu bighìn)* /
 to start *(tu stàt)*

incontrare = **to meet** *(tu mìit)*

indietro = **back** *(bàk)*

indirizzo = **address** *(adrès)*

indossare = **to wear** *(tu uèar)*

inchiostro **ink**

indovinare = **to guess** *(tu ghès)*

infermiera = **nurse** *(nérs)*

informazione = **information** *(informéiscion)*

inquinamento = **pollution** *(polùscion)*

insalata = **salad** *(sàlad)*

insegnante = **teacher** *(tìciar)*

inseguire = **to run after** *(tu ràn àfter)*

insetto = **bug** *(bàgh)* / **insect** *(ìnsekt)*

insieme = **together** *(tughèdhar)*

intelligente = **clever** *(klèvar)*

interessante = **interesting** *(ìntrestin)*

intorno = **around** *(eràund)*

invece = **instead** *(instèd)*

invitare = **to invite** *(tu invàit)*

isola = **island** *(àiland)*

isola **island**

insieme
together

jazz = jazz

jazz = **jazz** *(giàs)*
jeans = **jeans** *(giìns)*
jolly = **jolly** *(giòlli)*

jeans **jeans**

koala = **koala**

karate = **karate** *(karàti)*

kimono = **kimono** *(kimónou)*

kiwi = **kiwi** *(kìuii)*

koala = **koala** *(kouàla)*

karate **karate**

luna = **moon**

là = **there** *(dhèr)*

labbra = **lips** *(lìps)*

lacrima = **tear** *(tìar)*

lago = **lake** *(léik)*

lampada = **lamp** *(làmp)*

lampo = **flash** *(flèsc)*

lana = **wool** *(ùul)*

lanciare = **to throw** *(tu thróu)*

largo = **large** *(làrg)* / **wide** *(uàid)*

lasciare (andar via) = **to leave** *(tu lìiv)* /
  to quit *(to kuìt)*

lasciare = **to let** *(tu lèt)*

lato = **side** *(sàid)*

latte = **milk** *(mìlk)*

lattina = **tin** *(tín)* / **can** *(kèn)*

lavagna = **blackboard** *(blèkbood)*

lavare = **to wash** *(tu uòsc)*

lavorare = **to work** *(tu uórk)*

lavagna
blackboard

latte **milk**

lavoro = **job** *(giòb)*
leggere = **to read** *(tu rìid)*
leggero = **light** *(làit)*
legno = **wood** *(vùud)*
lenzuolo = **sheet** *(scìit)*
leone = **lion** *(làion)*
lettera = **letter** *(lètar)*
letto = **bed** *(bèd)*
lezione = **lesson** *(lèsn)*
libero = **free** *(frìi)*
libro = **book** *(bùk)*
limone = **lemon** *(lèmon)*

leggere **to read**

limone **lemon**

letto **bed**

lingua = **tongue** *(tàngh)*

liscio = **smooth** *(smùuth)*

litigare = **to quarrel** *(tu kuórel)*

lontano = **far** *(fàr)*

luce = **light** *(làit)*

luna = **moon** *(mùun)*

lunghezza = **length** *(lènth)*

lungo = **long** *(lòngh)*

luna **moon**

litigare **to quarrel**

matita = **pencil**

ma = **but** *(bàt)*

macchia = **spot** *(spòt)*

macchina = **machine** *(mascìn)*

macchina fotografica = **camera** *(kàmra)*

madre = **mother** *(màdhar)*

magia = **magic** *(mègik)*

maglione = **sweater** *(suètar)* /
  jumper *(giàmper)*

magro (sottile) = **thin** *(thìn)* /
  slim *(slìm)*

mai = **never** *(nèvar)*

maiale = **pig** *(pìgh)*

malato = **ill** *(ìl)* / **sick** *(sìk)*

(fare) male = **to hurt** *(tu hèurt)*

maleducato = **rude** *(rùd)*

(sentire la) mancanza di = **to miss** *(tu mìs)*

mangiare = **to eat** *(tu ìit)*

manica = **sleeve** *(slìiv)*

macchina fotografica
camera

mano = **hand** *(hènd)*

mappa = **map** *(mèp)*

mare = **sea** *(sìi)*

margherita = **daisy** *(déisi)*

marinaio = **sailor** *(séilar)*

marinaio **sailor**

marito = **husband** *(hàsband)*

marmellata = **jam** *(gèm)*

martello = **hammer** *(hèmer)*

maschera = **mask** *(màsk)*

matita = **pencil** *(pènsl)*

matita **pencil**

mattino = **morning** *(mónin)*

medicina = **medicine** *(mèdisin)*

mela = **apple** *(èpl)*

mentire = **to lie** *(tu lài)*

menu = **menu** *(mèniu)*

mela **apple**

meraviglioso = **wonderful** *(uàndeful)*

mercato = **market** *(màaket)*

mese = **month** *(mànth)*

metà = **half** *(hàf)*

metropolitana = **underground** *(àndergraund)* /
  tube *(tiùb)*

metropoli = **city** *(sìti)*

mettere = **to put** *(tu pùt)*

mezzanotte = **midnight** *(mìdnait)*

(nel) mezzo = **in the middle** *(in dhe mìdol)*

mezzogiorno = **midday** *(mìddei)*

miele = **honey** *(hàni)*

migliore = **better** *(bètar)*

(il) migliore = **the best** *(dhe bèst)*

minuto = **minute** *(mìnit)*

miope = **short-sighted** *(sciórt-sàitd)*

mezzanotte **midnight**

metropolitana **underground**

mobili = **furniture** *(féurnicieur)*

moglie = **wife** *(uàif)*

molto = **much** *(màc)* / **a lot** *(é lòt)* / **very** *(vèri)*

mondo = **world** *(uòrld)*

montagna = **mountain** *(màuntin)*

morbido = **soft** *(sòft)*

morire = **to die** *(tu dài)*

morso = **bite** *(bàit)*

morto = **dead** *(dèd)*

mosca = **fly** *(flài)*

mondo **world**

mostrare = **to show** *(tu scióu)*

motivo = **reason** *(rìson)*

motocicletta = **motorbike** *(móutorbaik)*

mucca = **cow** *(kàu)*

muro = **wall** *(uól)*

musica = **music** *(miùsik)*

mutande = **pants** *(pènts)*

motocicletta **motorbike**

nuvola = **cloud**

nascere = **to be born** *(tu bi bórn)*

nascondere = **to hide** *(tu hàid)*

naso = **nose** *(nóus)*

Natale = **Christmas** *(krìsmas)* / **Xmas** *(krìsmas)*

naturalmente = **of course** *(ov kóurs)*

nauseato = **sick** *(sìk)*

nave = **ship** *(scìp)*

nebbia = **fog** *(fògh)*

negozio = **shop** *(sciòp)* /
store *(stóur)*

nave **ship**

neonato = **baby** *(béibi)*

nessuno = **none** *(nàn)* / **nobody** *(nóbodi)*

nebbia **fog**

neve = **snow** *(snóu)*

nido = **nest** *(nèst)*

niente = **nothing** *(nàthin)*

nodo = **knot** *(nòt)*

nome = **name** *(néim)*

nonna = **grandmother** *(gràndmadhar)*

nonno = **grandfather** *(gràndfadhar)*

notte = **night** *(nàit)*

nudo = **naked** *(néikd)* / **bare** *(bèar)*

numero = **number** *(nàmber)*

nuotare = **to swim** *(tu suìm)*

nuovo = **new** *(niù)*

nutrire = **to feed** *(tu fiid)*

nuvola = **cloud** *(klàud)*

nuvola **cloud**

nido **nest**

nuotare
to swim

onda = **wave**

o = **or** *(ór)*

oca = **goose** *(gùus)*

occasione = **chance** *(ciàns)*

occhiali = **glasses** *(glàsis)*

occhio = **eye** *(ài)*

occupato = **busy** *(bìsi)*

odiare = **to hate** *(tu héit)*

odore = **smell** *(smèl)*

oggi = **today** *(tudéi)*

occhiali **glasses**

ogni = **every** *(èvri)*

ogni cosa = **everything** *(èvrithin)*

ognuno = **everybody** *(èvribadi)*

oltre = **over** *(óuver)*

ombra = **shadow** *(scédou)*

ombrello = **umbrella** *(ambrèla)*

onda = **wave** *(uéiv)*

onda **wave**

ora = **hour** *(àuar)* / **time** *(tàim)*

ordinato = **tidy** *(tàidi)* / **neat** *(nìit)*

orecchio = **ear** *(îar)*

orgoglioso = **proud** *(pràud)*

orlo = **edge** *(èg)*

oro = **gold** *(góuld)*

orologio = (da parete) **clock** *(klòk)* /
  (da polso) **watch** *(uòc)*

orso = **bear** *(bèa)*

ospedale = **hospital** *(hòspitol)*

ospite = **guest** *(ghèst)*

osso = **bone** *(bóun)*

ora **hour**

osso **bone**

ospedale
hospital

panino = **sandwich**

padella = **pan** *(pèn)*

padre = **father** *(fàdhar)*

paese = **country** *(kàntri)* / **land** *(lànd)*

pagare = **to pay** *(tu péi)*

pagina = **page** *(péig)*

paio = **couple** *(kàpl)* / **pair** *(péar)*

palla, pallone = **ball** *(ból)*

palloncino = **balloon** *(balùun)*

pancia = **belly** *(bèli)* / **tummy** *(tàmi)*

pane = **bread** *(brèd)*

panetteria = **bakery** *(béikeri)*

panino = **sandwich** *(sènduic)* / **roll** *(ról)*

palla
ball

pancia **tummy**

panino
sandwich

panna = **cream** *(krìim)*

pantaloni = **trousers** *(tràusers)*

papà = **dad** *(dèd)*

parco = **park** *(pàak)*

parecchi = **several** *(sèveral)*

parente = **relative** *(rèlativ)*

parlare = **to speak** *(tu spìik)* /
to talk *(tu tók)*

parola = **word** *(uórd)*

parte = **part** *(pàrt)*

(fare) parte di = **to join** *(tu giòin)*

(la maggior) parte = **the most** *(dhe móust)*

partire = **to leave** *(tu lìiv)*

Pasqua = **Easter** *(ìster)*

passaporto = **passport** *(pàssport)*

passare = **to pass** *(tu pàs)*

passato = **past** *(pàst)*

passo = **step** *(stèp)*

parola **word**

passaporto
passport

pasticcio = **mess** *(mès)* / **jam** *(gèm)*

patata = **potato** *(potéito)*

pattinare = **to skate** *(tu skéit)*

paura = **fear** *(fìar)*

(aver) paura = **to be afraid** *(tu bi efréid)* /
   to be scared *(tu bi skéad)*

pavimento = **floor** *(flóor)*

patata
potato

pazzo = **crazy** *(krési)* /
   mad *(mèd)*

peggio = **worse** *(uórs)*

pelle = **skin** *(skìn)*

pelliccia = **fur** *(fèur)*

pellicola = **film** *(film)*

penna = **pen** *(pèn)*

pensare = **to think** *(tu thìnk)*

paura
fear

penna **pen**

pentola = **pot** *(pòt)*

per = **for** *(fór)*

pera = **pear** *(péar)*

perché (domanda) = **why?** *(uài)*

perché (risposta) = **because** *(bikós)*

perdere = **to lose** *(tu lùus)* /
  to miss *(tu mìs)* / **to waste** *(tu uèist)*

perfetto = **perfect** *(pérfekt)*

pericolo = **danger** *(déinger)*

pericoloso = **dangerous** *(déingeras)*

permettere = **to allow** *(tu elàu)* / **to let** *(tu lèt)*

persino = **even** *(íven)*

persona = **person** *(pèrsn)*

pera **pear**

pentola **pot**

pesante = **heavy** *(hèvi)*

pesca (frutto) = **peach** *(pìic)*

pesca (sport) = **fishing** *(fìscin)*

pesce = **fish** *(fìsc)*

peso = **weight** *(uéit)*

pettegolezzo = **gossip** *(gòssip)*

pettine = **comb** *(kóum)*

pezzetto = **bit** *(bìt)*

pezzo = **piece** *(pìis)*

piacere = **to like** *(tu làik)*

(per) piacere = **please** *(plìis)*

piacevole = **pleasant** *(plèsnt)*

piangere = **to cry** *(tu krài)*

pettine **comb**

pesante **heavy**

piangere **to cry**

piano (edificio) = **floor** *(flóor)*

pianoforte = **piano** *(piànou)*

piatto = **dish** *(dìsc)*

piazza = **square** *(skuèar)*

picchiare = **to hit** *(tu hìt)*

piccolo = **small** *(smól)* /
  little *(lìtl)* / **tiny** *(tàini)*

piede = **foot** *(fùt)*

piedi = **feet** *(fìit)*

pieno = **full** *(fùl)*

pietra = **stone** *(stóun)*

pigiama = **pyjamas** *(pigiàmas)*

pigro = **lazy** *(léisi)*

pioggia = **rain** *(réin)*

pipistrello = **bat** *(bèt)*

piscina = **swimming-pool** *(suìmmin-pùul)*

piselli = **peas** *(pìis)*

(di) più = **more** *(móur)*

pioggia **rain**

pipistrello **bat**

(il) più = **the most** *(dhe móust)*

piuma = **feather** *(fèdhe)*

pneumatico = **tyre** *(tàiar)*

poco = **little** *(lìtl)*

pochi = **few** *(fiù)*

poi = **then** *(dhèn)*

poliziotto = **policeman** *(polìsman)*

poltrona = **armchair** *(àrmcear)*

polvere = **dust** *(dàst)*

pomeriggio = **afternoon** *(aftenùun)*

pomodoro = **tomato** *(tomàtou)*

pompelmo = **grapefruit** *(gréipfrut)*

ponte = **bridge** *(brìg)*

porta = **door** *(dóor)*

poltrona
armchair

pomodoro
tomato

ponte **bridge**

portafogli = **wallet** *(uòlet)*

portare = **to bring** *(tu brìn)* /
  to carry *(tu kèri)* / **to take** *(tu téik)*

porto = **harbour** *(hàrbor)* /
  port *(pórt)*

possedere = **to own** *(tu óun)*

possibilità = **chance** *(ciàns)*

posta = **mail** *(méil)*

postino = **postman** *(póustman)*

postino **postman**

posto = **place** *(pléis)* /
  (a sedere) **seat** *(sìit)*

(in nessun) posto = **nowhere** *(nóuear)*

potere = **can** *(kèn)*

povero = **poor** *(pùar)*

pranzo = **lunch** *(lànc)*

prato = **field** *(fìild)*

prato **field**

preferito = **favourite** *(féivrit)*

pregare = **to beg** *(tu bègh)* / **to pray** *(tu préi)*

premio = **prize** *(pràis)*

prendere = **to take** *(tu téik)* /
  to get *(tu ghèt)* / **to catch** *(tu kèc)*

prendere in giro = **to tease** *(tu tìis)*

prendere in prestito = **to borrow** *(tu bòrou)*

preoccuparsi = **to worry** *(tu uòri)*

preoccuparsi per = **to care for** *(tu kéar for)*

presa elettrica = **plug** *(plàgh)*

presso = **by** *(bài)* / **at** *(èt)*

prestare = **to lend** *(tu lènd)*

presto = **early** *(èrli)* / **soon** *(sùun)*

presumere = **to suppose** *(tu sapóus)*

prendere in giro
to tease

prezzo = **price** *(pràis)*
prigione = **jail** *(géil)* / **prison** *(prìsn)*
prima = **before** *(bifór)*
primo = **first** *(féurst)*
profondo = **deep** *(dìip)*
promettere = **to promise** *(tu pròmis)*
pronto = **ready** *(rédi)*
prosciutto = **ham** *(hàm)*
prossimo = **next** *(nèkst)*
provare = **to try** *(tu trài)* /
  to essay *(tu èsei)*
prudente = **careful** *(kèrful)*
prugna = **plum** *(plàm)*
pulito = **clean** *(kliin)*
pungere = **to sting** *(tu stìn)*
punto = **point** *(pòint)*

prezzo
price

Sono un topo molto pulito!
I am a very clean mouse!

pulito **clean**

quando = **quando**

quaderno = **exercise book** *(èksersais bùk)*

quadrato = **square** *(skuèar)*

quadro = **painting** *(péintin)*

qualche = **any** *(èni)* / **some** *(sàm)*

qualcosa = **something** *(sàmthin)*

qualcuno = **somebody** *(sàmbodi)*

quale = **which** *(uìc)*

qualità = **quality** *(kuòliti)*

qualsiasi = **any** *(èni)*

quaderno
exercise book

Quale?!? Which?!?

quale **which**

quadro **painting**

quando = **when** *(uèn)*

(da) quando = **since** *(sìns)*

quanto = **how much** *(hàu màc)*

quanti = **how many** *(hàu mèni)*

quasi = **almost** *(òlmoust)* /
  nearly *(nìarli)* / **about** *(abàut)*

quelli = **those** *(dhóus)*

quello = **that** *(dhèt)*

questo = **this** *(dhìs)*

qui = **here** *(hìar)*

quotidianamente = **daily** *(déili)*

quando **when**

questo **this**

ragno = **spider**

raccogliere = **to pick** *(tu pìk)*

raccontare = **to tell** *(tu tèl)*

radio = **radio** *(réidio)*

radiografia = **x-ray** *(èks-rèi)*

raffreddore = **cold** *(kóuld)*

ragazza = **girl** *(ghèrl)*

ragazzo = **boy** *(bòi)*

raggiungere = **to reach** *(tu rìic)*

ragione = **reason** *(rìson)*

ragno = **spider** *(spàider)*

rana = **frog** *(frògh)*

rapa = **turnip** *(tèunip)*

ragno **spider**

raccontare **to tell**

rasoio = **razor** *(réiso)*

ratto = **rat** *(ràt)*

re = **king** *(kìn)*

recinto = **fence** *(fèns)*

regalo **gift**

regalo = **gift** *(ghìft)* / **present** *(prèsnt)*

regina = **queen** *(kuìn)*

regola = **rule** *(rùl)*

respiro = **breath** *(brèth)*

rete = **net** *(nèt)*

riccioli = **curls** *(kèurls)*

ricco = **rich** *(rìc)*

riccioli **curls**

ricevere = **to receive** *(tu risìiv)*

ricevere
to receive

ricordare = **to remember** *(tu rimèmber)*

ridere = **to laugh** *(tu làf)*

riempire = **to fill** *(tu fìl)*

ripetere = **to repeat** *(tu ripìt)*

riposare = **to rest** *(tu rèst)*

riso = **rice** *(ràis)*

risparmiare = **to save** *(tu séiv)*

rispondere = **to answer** *(tu ànsar)*

risposta = **answer** *(ànsar)* / **reply** *(riplài)*

ristorante = **restaurant** *(rèstorant)*

riuscire = **to succeed** *(tu saksìid)*

(non) riuscire = **to fail** *(tu féil)*

rivista = **magazine** *(meghesìin)*

roccia = **rock** *(ròk)*

rivista
magazine

riempire **to fill**

ricordare
to remember

rompere = **to break** *(tu bréik)*
rosa (fiore) = **rose** *(róus)*
rosa (colore) = **pink** *(pìnk)*
rotondo = **round** *(ràund)*
rotto = **broken** *(bróuken)*
rovinato = **spoiled** *(spòilt)*
rubare = **to steal** *(tu stìil)*
rullino fotografico = **film** *(fìlm)*
rumore = **noise** *(nòis)*
rumoroso = **noisy** *(nòisi)* / **loud** *(làud)*
ruota = **wheel** *(uìil)*
ruscello = **stream** *(strìim)*
russare = **to snore** *(tu snór)*
ruvido = **rough** *(ràf)*

ruscello **stream**

rompere **to break**

sedersi = **to sit down**

sabbia = **sand** *(sànd)*

sale = **salt** *(sólt)*

salsiccia = **sausage** *(sòseg)*

saltare = **to jump** *(tu giàmp)*

salute = **health** *(hèlth)*

salvare = **to save** *(tu séiv)*

sangue = **blood** *(blàd)*

sapere = **to know** *(tu nóu)*

sapone = **soap** *(sóup)*

sasso = **stone** *(stóun)*

sbarra = **bar** *(bàr)*

sbrigarsi = **to hurry** *(tu hàri)*

sbrigati! = **hurry up!** *(hàri àp!)*

sbucciare = **to peel** *(tu pìil)*

scaffale = **shelf** *(scèlf)*

scale = **stairs** *(stèars)*

scaletta = **ladder** *(làder)*

scarpa = **shoe** *(sciùu)*

saltare
to jump

scale **stairs**

93

scatola = **box** *(bòks)*

scegliere = **to choose** *(tu ciùus)*

scherzo = **joke** *(gióuk)* / **trick** *(trìk)*

schiacciare = **to press** *(tu près)*

schiena = **back** *(bàk)*

scimmia = **monkey** *(mànki)*

sciocco = **silly** *(sìli)* /**fool** *(fùul)*

scivoloso = **slippery** *(slìperi)*

scodella = **bowl** *(bóul)*

scoglio = **rock** *(ròk)*

scoiattolo = **squirrel** *(skuìrel)*

scopa = **broom** *(brùum)*

scrivere = **to write** *(tu ràit)*

scivoloso **slippery**

scopa **broom**

scrivere **to write**

scuola = **school** *(skùul)*

scuotere = **to shake** *(tu scéik)*

scuro = **dark** *(dàak)*

scusami = **sorry** *(sòrri)*

(mi) scusi = **excuse me** *(ekskiùs mi)*

se = **if** *(if)*

sedersi = **to sit down** *(tu sìt dàun)*

sedersi
to sit down

sedia = **chair** *(cèar)*

segno = **sign** *(sàin)* / **mark** *(màak)*

segreto = **secret** *(sìkret)*

seguire = **to follow** *(tu fòlou)*

selvaggio = **wild** *(uàild)*

semaforo = **traffic lights** *(tràfik làits)*

sembrare = **to look** *(tu lùk)* /
  to seem *(tu sìim)*

semplice = **plain** *(pléin)* /
  simple *(sìmpl)*

sempre = **always** *(ólueis)*

semaforo
traffic lights

sensazione = **feeling** *(fiilin)*

sentiero = **path** *(pàth)*

sentire = **to hear** *(tu hìar)*

sentirsi = **to feel** *(tu fìil)*

senza = **without** *(uidhàut)*

sera = **evening** *(ìvnin)*

sereno = **clear** *(klìar)*

serpente = **snake** *(snéik)*

serpente
snake

seta = **silk** *(sìlk)*

sete = **thirst** *(thèurst)*

(avere) sete = **to be thirsty** *(tu bi thèursti)*

sforzo = **effort** *(èfort)*

sì = **yes** *(ìès)*

sicuro = **sure** *(sciùr)*

(al) sicuro = **safe** *(séif)*

significato = **meaning** *(mìnin)*

signora = **lady** *(léidi)*

silenzioso = **silent** *(sàilent)*

avere sete
to be thirsty

96

simile = **alike** *(elàik)*

simpatico = **nice** *(nàis)*

sinistra = **left** *(lèft)*

soffiare = **to blow** *(tu blóu)*

soffitto = **ceiling** *(sìilin)*

sogno = **dream** *(drìim)*

solamente = **only** *(òunli)*

soldi = **money** *(màni)*

sole = **sun** *(sàn)*

(fare il) solletico = **to tickle** *(tu tìkl)*

solo = **alone** *(elóun)*

sopra = **on** *(òn)* / **over** *(óuver)* /
  above *(ebàv)*

sorella = **sister** *(sìstar)*

sorriso = **smile** *(smàil)*

sotto = **under** *(ànder)* /
  beneath *(binìith)*

(al di) sotto = **below** *(bilóu)*

sole **sun**

sogno **dream**

spalla = **shoulder** (scióuldar)

spalmare = **to spread** (tu sprèd)

spaventato = **scared** (skéad)

spazzola = **brush** (bràsc)

spazzolino da denti = **toothbrush** (tùthbrasc)

specchio = **mirror** (mìrror)

spedire = **to send** (tu sènd)

sperare = **to hope** (tu hóup)

spesso (fitto) = **thick** (thìk)

spesso (sovente) = **often** (òfen)

spiaggia = **beach** (bìic)

spiegare = **to explain** (tu ekspléin)

spillo = **pin** (pìn)

spalmare **to spread**

spiaggia **beach**

spina = **thorn** *(thón)*

spingere = **to push** *(tu pùsc)*

splendere = **to shine** *(tu sciàin)*

spogliarsi = **to undress** *(tu andrès)*

spremuta
juice

sporco = **dirty** *(dérti)*

sposarsi = **to marry** *(tu màrri)*

spostare / spostarsi = **to move** *(tu mùuv)*

sprecare = **to waste** *(tu uéist)*

spremuta = **juice** *(giùus)* /
  squash *(skuòsc)*

squadra = **team** *(tìim)*

squalo = **shark** *(sciàak)*

stagione = **season** *(sìisn)*

stagno = **pond** *(pònd)*

starnutire
to sneeze

stanco = **tired** *(tàiard)*

stare = **to stay** *(tu stéi)*

starnutire = **to sneeze** *(tu snìis)*

stasera = **tonight** *(tunàit)*

stazione **station**

stazione = **station** *(stéiscion)*

stella = **star** *(stàr)*

(lo) stesso = **the same** *(dhe séim)*

stivali = **boots** *(bùuts)*

straccio = **rag** *(règh)*

strada = **road** *(róud)* /
  street *(striit)* / **way** *(uéi)*

strega = **witch** *(uìc)*

stretto = **narrow** *(nèrou)* / **tight** *(tàit)*

stringa = **lace** *(léis)*

stivali **boots**

strisce pedonali = **zebra crossing** *(sìbra kròsin)*

strisciare = **to creep** *(tu krìip)*

studiare = **to study** *(tu stàdi)*

su = **up** *(àp)*

sudore = **sweat** *(suèt)*

suonare = **to ring** *(tu rìn)*

sveglia
alarm clock

suonare (uno strumento) = **to play** *(tu pléi)*

suono = **sound** *(sàund)*

sveglia = **alarm clock** *(alàrm klòk)*

svegliarsi = **to wake up** *(tu uéik àp)*

sveglio = **awake** *(euéik)*

suonare **to play**

tagliare = **to cut**

tacchino = **turkey** *(térki)*

tacco = **heel** *(hìil)*

taglia = **size** *(sàis)*

tagliare = **to cut** *(tu kàt)*

tagliente = **sharp** *(sciàap)*

tale = **such** *(sàc)*

tanti = **many** *(mèni)*

tanto = **much** *(màc)*

tappeto = **carpet** *(kàapet)*

tappo = **cap** *(kèp)* / **cork** *(kók)*

tardi = **late** *(léit)*

tariffa = **fare** *(fèar)*

tasca = **pocket** *(pòket)*

tavolo = **table** *(téibl)*

taxi = **taxi** *(tàksi)* / **cab** *(kèb)*

tagliare
to cut

taxi **taxi**

tazza = **cup** *(kàp)*

tè = **tea** *(tìi)*

teiera = **tea-pot** *(tìi-pòt)*

telefono = **telephone** *(tèlefon)*

televisione = **television** *(televìjon)*

televisione
television

tempesta = **storm** *(stórm)*

tempo = **time** *(tàim)*

tempo atmosferico = **weather** *(uèdher)*

tenda da campeggio = **tent** *(tènt)*

tenere = **to hold** *(tu hóuld)* / **to keep** *(tu kìip)*

terra = **earth** *(èrth)* / **land** *(lànd)*

terreno = **soil** *(sòil)* / **ground** *(gràund)*

testa = **head** *(hèd)*

tetto = **roof** *(rùuf)*

tigre = **tiger** *(tàigar)*

tipo = **kind** *(kàind)*

tirare = **to pull** *(tu pùl)*

tizio = **guy** *(gài)*

tenda da campeggio
tent

toccare = **to touch** *(tu tàc)*

topo = **mouse** *(màus)*

torta = **cake** *(kéik)* / **pie** *(pài)*

tovaglia = **tablecloth** *(téiblkloth)*

tovagliolo = **napkin** *(nèpkin)*

tranne = **except** *(eksèpt)*

tranquillo = **quiet** *(kuàiet)*

trascorrere = **to spend** *(tu spènd)*

treno = **train** *(tréin)*

triste = **sad** *(sèd)* / **unhappy** *(anhèpi)*

troppo = **too much** *(tùu màc)*

trovare = **to find** *(tu fàind)*

tutto = **all** *(ól)* / **everything** *(èvrithin)*

tutti = **everybody** *(èvribadi)*

torta **cake**

treno **train**

uccello = **bird**

uccello = **bird** *(bèurd)*

ufficio = **office** *(òfis)*

ultimo = **final** *(fàinal)* / **last** *(làst)*

un / uno / una = **a** *(é)* / **an** *(èn)*

unghia = **nail** *(néil)*

unire = **to join** *(tu giòin)*

università = **university** *(iunivèrsiti)*

uomini = **men** *(mèn)*

uomo = **man** *(màn)*

uovo = **egg** *(ègh)*

usare = **to use** *(tu iùus)*

uscire = **to go out** *(tu góu àut)*

utile = **useful** *(iùsful)*

uva = **grapes** *(gréips)*

uccello
bird

uva **grapes**

uscire
to go out

vestito femminile = **dress**

vacanza = **holiday** *(hòlidei)*

valigia = **suitcase** *(sùtkeis)*

(fare la) valigia = **to pack** *(tu pàk)*

vapore = **steam** *(stìim)*

vaso = **vase** *(véis)* /
  pot *(pòt)* / **jar** *(giàr)*

vecchio = **old** *(óuld)*

vedere = **to see** *(tu sìi)*

valigia **suitcase**

(far) vedere = **to show** *(tu scióu)*

vela = **sail** *(séil)*

veleno = **poison** *(pòisn)*

velluto = **velvet** *(vèlvet)*

veloce = **fast** *(fàst)*

velocemente = **quickly** *(kuìkli)*

velocità = **speed** *(spìid)*

vendere = **to sell** *(tu sèl)*

vaso **vase**

(in) vendita = **for sale** *(for séil)*

venire = **to come** *(tu kàm)*

vento = **wind** *(uìnd)*

veramente = **really** *(rìli)*

verdure = **vegetables** *(vègetbols)*

vero = **true** *(trù)* / **real** *(rìal)*

versare = **to pour** *(tu póur)*

vestirsi = **to dress** *(tu drès)* /
   to get dressed *(tu ghèt drèsd)*

vestiti = **clothes** *(klóuths)*

vestito femminile = **dress** *(drès)*

vetro = **glass** *(glàs)*

via = **off** *(òf)* / (strada) **street** *(strìit)*

viaggiare = **to travel** *(tu tràvl)*

viaggio = **trip** *(trìp)* / **journey** *(gèrni)*

vicino = **near** *(nìar)* / **close** *(klóus)* /
   by *(bài)* / **next** *(nèkst)*

vicino di casa = **neighbor** *(néibour)*

vincere = **to win** *(tu uìn)*

(far) visita a = **to visit** *(tu vìsit)*

vestito femminile
dress

vita = **life** *(làif)*

vivace = **cheerful** *(cìirful)*

vivere = **to live** *(tu lìv)*

vivo = **alive** *(elàiv)*

viziato = **spoiled** *(spòilt)*

voce = **voice** *(vòis)*

(ad alta) voce = **aloud** *(elàud)*

volare = **to fly** *(tu flài)*

volere = **to want** *(tu uònt)* / **to wish** *(tu uìsc)*

volpe = **fox** *(fòks)*

voto = **mark** *(màak)*

volare
to fly

vincere
to win

wafer = **wafer**

wafer = **wafer** *(uéifer)*
walzer = **waltz** *(uólts)*
water = **water closet** *(uótar klòset)*
watt = **watt** *(uòt)*

water
water closet

xilofono = **xylophone**

xilofono = **xylophone** *(ksàilofon)*

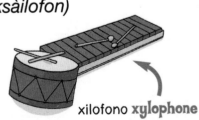

xilofono **xylophone**

yogurt = **yoghurt**

yogurt = **yoghurt** *(iògurt)*
yo-yo = **yo-yo** *(iò-iò)*

yo-yo **yo-yo**

zucca = **pumpkin**

zaino = **rucksack** *(ràksek)* / **pack** *(pàk)*

zampa = **leg** *(lègh)*

zanzara = **mosquito** *(moskìtou)*

zattera = **raft** *(ràft)*

zero = **zero** *(sìrou)*

zia = **aunt** *(ànt)*

zio = **uncle** *(ànkol)*

(stai) zitto = **be quiet** *(bi kuàiet)*

zucca = **pumpkin** *(pàmpkin)*

zucchero = **sugar** *(sciùgar)*

zuppa = **soup** *(sùup)*

zaino **rucksack**

zucca
pumpkin

zanzara
mosquito

INGLESE ITALIANO

a *(éi)*

ant = formica

a *(é)* / **an** *(èn)* = un / uno / una

(to be) able to *(tu bi éibl tu)* = essere capace di

about *(abàut)* = circa / quasi

above *(ebàv)* = sopra

ache *(éik)* = dolore

ache dolore

across *(ekròs)* = attraverso

address *(adrès)* = indirizzo

aeroplane *(èirplein)* = aeroplano

(to be) afraid *(tu bi efréid)* = avere paura

after *(àfter)* = dopo

afternoon *(aftenùun)* = pomeriggio

again *(eghéin)* = ancora

against *(eghéinst)* = contro

age *(éig)* = età

(to) agree *(tu egrìi)* = essere d'accordo

ahead *(ehèd)* = davanti

to be afraid
avere paura

119

airport aeroporto

airport *(èirport)* = aeroporto

alarm clock *(alàrm klòk)* = sveglia

alike *(elàik)* = simile

alive *(elàiv)* = vivo

all *(ól)* = tutto

(to) allow *(tu elàu)* = permettere

almost *(òlmoust)* = quasi

alone *(elóun)* = solo

aloud *(elàud)* = ad alta voce

already *(olrédi)* = già

also *(ólsou)* = anche

always *(ólueis)* = sempre

ambulance *(àmbiulans)* = ambulanza

angry arrabbiato

and *(ènd)* = e

angry *(èngri)* = arrabbiato

animal *(ènimol)* = animale

ankle *(ànkol)* = caviglia

answer *(ànsar)* = risposta

(to) answer *(tu ànsar)* = rispondere

to answer rispondere

ant *(ènt)* = formica

any *(èni)* = qualsiasi / qualche

apple *(èpl)* = mela

appointment *(appòintment)* = appuntamento

apricot *(éiprikot)* = albicocca

ant formica

to arrive arrivare

arm *(àrm)* = braccio

armchair *(àrmcear)* = poltrona

around *(eràund)* = intorno

(to) arrive *(tu eràiv)* = arrivare

(to) ask *(tu àsk)* = chiedere / domandare

asleep *(eslìip)* = addormentato

at *(èt)* = a / presso

attention *(atènscion)* =
   attenzione

aunt *(ànt)* = zia

awake *(euéik)* = sveglio

asleep addormentato

b *(bìi)*

balloon = palloncino

baby *(béibi)* = neonato

back *(bàk)* = schiena / dorso / indietro

bad *(bèd)* = cattivo

bag *(bègh)* = borsa

bakery *(béikeri)* = panetteria

ball *(ból)* = palla / pallone

balloon *(balùun)* = palloncino

band *(bènd)* = gruppo musicale

bank *(bànk)* = banca

bar *(bàr)* = sbarra

bare *(bèar)* = nudo

basket *(bàsket)* = canestro / cestino

bat *(bèt)* = pipistrello

bathrobe *(bàthrob)* = accappatoio

bathroom *(bàthruum)* = bagno

(to) be *(tu bì)* = essere

beach *(bìic)* = spiaggia

bean *(bìin)* = fagiolo

baby
neonato

balloon
palloncino

bear *(bèa)* = orso
beard *(bìard)* = barba
(to) beat *(tu bìit)* = battere
beautiful *(biùtiful)* = bello
beauty *(biùti)* = bellezza
because *(bikós)* = perché (risposta)
(to) become *(tu bikàm)* = diventare
bed *(bèd)* = letto
bee *(bìi)* = ape
before *(bifór)* = prima
(to) beg *(tu bègh)* = pregare
(to) begin *(tu bighìn)* = incominciare
behind *(bihàind)* = dietro
(to) believe *(tu bilìiv)* = credere
bell *(bèl)* = campana

bear orso

bell campana

belly *(bèli)* = pancia

(to) belong to *(tu bilòn tu)* = appartenere

below *(bilóu)* = al di sotto

belt *(bèlt)* = cintura

belt cintura

beneath *(binìith)* = sotto

beside *(bisàid)* = accanto

(the) best *(dhe bèst)* = il migliore

better *(bètar)* = migliore

between *(bituìin)* = fra

bicycle *(bàisikl)* = bicicletta

big *(bìgh)* = grande

bicycle bicicletta

big grande

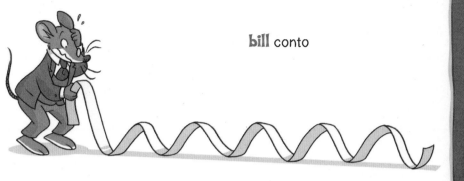

bill conto

bill *(bil)* = conto

bird *(bèurd)* = uccello

birthday *(bérthdei)* = compleanno

biscuit *(bìskit)* = biscotto

bit *(bìt)* = pezzetto

bite *(bàit)* = morso

bitter *(bìter)* = amaro

blackboard *(blèkbood)* = lavagna

blanket *(blànket)* = coperta

blender *(blènda)* = frullatore

blond *(blònd)* = biondo

blood *(blàd)* = sangue

blender
frullatore

127

(to) blow *(tu blóu)* = soffiare

blue *(blù)* = blu

boat *(bóut)* = barca

body *(bòdi)* = corpo

bone *(bóun)* = osso

book *(bùk)* = libro

boots *(bùuts)* = stivali

(to be) born *(tu bi bórn)* = nascere

(to) borrow *(tu bòrou)* = prendere in prestito

both *(bóuth)* = entrambi

bottle *(bòtl)* = bottiglia

book libro

boat barca

bottom *(bòtom)* = fondo
bowl *(bóul)* = scodella
box *(bòks)* = scatola
boy *(bòi)* = ragazzo
bread *(brèd)* = pane
(to) break *(tu bréik)* = rompere
breakfast *(brèkfast)* = colazione
breath *(brèth)* = respiro
bridge *(brìg)* = ponte
(to) bring *(tu brìn)* = portare
broken *(bróuken)* = rotto
broom *(brùum)* = scopa
brother *(bràdhar)* = fratello
brush *(bràsc)* = spazzola
bubble *(bàbl)* = bolla
bug *(bàgh)* = insetto
(to) build *(tu bìld)* = costruire
(to) burn *(tu bèurn)* = bruciare

breakfast colazione

broken rotto

bus *(bàs)* = autobus

bush *(bùsc)* = cespuglio

business *(bìsnes)* = affari

busy *(bìsi)* = occupato

but *(bàt)* = ma

butter *(bàtar)* = burro

butterfly *(bàteflai)* = farfalla

button *(bàton)* = bottone

(to) buy *(tu bài)* = comprare

by *(bài)* = con / vicino / presso

bye-bye *(bài-bài)* = arrivederci / ciao

bus autobus

butter burro

butterfly farfalla

c *(sìi)*

city = città

cab *(kèb)* = taxi

cake *(kéik)* = torta

(to) call *(tu kól)* = chiamare

camera *(kàmra)* = macchina fotografica

can *(kèn)* = lattina

can *(kèn)* = potere

candle
candela

candle *(kèndl)* = candela

candy *(kèndi)* = caramella

cap *(kèp)* = cappello con visiera / tappo

car *(kàr)* = automobile

card *(kàad)* = biglietto / cartoncino

cards *(kàads)* = carte da gioco

(to) care for *(tu kéar for)* = preoccuparsi per

careful *(kèrful)* = prudente

cap
cappello con visiera

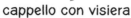
candy caramella

carpet tappeto

carpet *(kàapet)* = tappeto

carrot *(kàrrot)* = carota

(to) carry *(tu kèri)* = portare

castle *(kàssol)* = castello

cat *(kèt)* = gatto

(to) catch *(tu kèc)* = prendere

caterpillar *(kèterpilar)* = bruco

ceiling *(sìilin)* = soffitto

centre/center *(sèntar)* = centro

chair *(cèar)* = sedia

chance *(ciàns)* = possibilità / occasione

(to) change *(tu céing)* = cambiare

carrot
carota

(to) chat *(tu ciàt)* = chiacchierare

cheerful *(cìirful)* = allegro / vivace

cheese *(cìis)* = formaggio

chemist's (shop) *(kèmists sciòp)* = farmacia

cherry *(cèri)* = ciliegia

chestnut *(cèsnat)* = castagna

chewing gum *(ciùin gàm)* = gomma da masticare

chestnut castagna

chief *(cìif)* = capo

child *(ciàild)* = bambino

children *(cìldren)* = bambini

chimney *(cìmni)* = comignolo

chocolate *(ciòkleit)* = cioccolato

(to) choose *(tu ciùus)* = scegliere

Christmas *(krìsmas)* = Natale

church *(cèurc)* = chiesa

cinema *(sìnema)* = cinema

city *(sìti)* = metropoli / città

chimney comignolo

classroom *(klàssruum)* = aula

clean *(kliìn)* = pulito

clear *(klìar)* = chiaro / sereno

(to) clear *(tu klìar)* = chiarire

clever *(klèvar)* = intelligente

(to) climb *(tu klàim)* = arrampicarsi

clock *(klòk)* = orologio (da parete)

close *(klóus)* = vicino

(to) close *(tu klóus)* = chiudere

closed *(klóusd)* = chiuso

clothes *(klóuths)* = vestiti

cloud *(klàud)* = nuvola

clothes
vestiti

to close
chiudere

135

coast *(kòust)* = costa

coat *(kóut)* = cappotto

coffee *(kòfi)* = caffè

cold *(kóuld)* = freddo / raffreddore

colour/color *(kàlar)* = colore

comb *(kóum)* = pettine

(to) come *(tu kàm)* = venire

comfortable *(kàmfoutebl)* = comodo

competition *(kompetìscion)* = gara

colour
colore

competition gara

cook *(kùk)* = cuoco
cookie *(kùki)* = biscotto
(to) copy *(tu kòpi)* = copiare
cork *(kók)* = tappo
corner *(kóurner)* = angolo
(to) cost *(tu kòst)* = costare
(to) count *(tu kàunt)* = contare
country *(kàntri)* = campagna / paese
couple *(kàpl)* = coppia / paio
(of) course *(ov kóurs)* =
   naturalmente
cousin *(kàsn)* = cugino
cow *(kàu)* = mucca

cookie biscotto

to count
contare

couple coppia

137

crazy *(krési)* = pazzo

cream *(krìim)* = panna

(to) creep *(tu krìip)* = strisciare

(to) cross *(tu kròs)* = attraversare

crowd *(kràud)* = folla

crown *(kràun)* = corona

crumb *(kràm)* = briciola

(to) cry *(tu krài)* = piangere

cup *(kàp)* = tazza

curls *(kèurls)* = riccioli

customs *(kàstoms)* = dogana

(to) cut *(tu kàt)* = tagliare

cup tazza

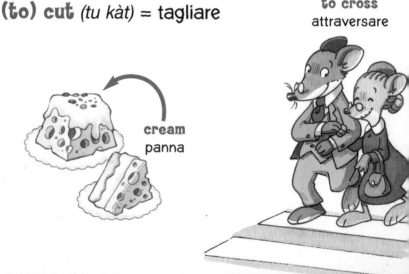
to cross attraversare

cream panna

d *(dii)*

dragon = drago

dad *(dèd)* = papà

daily *(déili)* = quotidianamente

daisy *(déisi)* = margherita

(to) dance *(tu dàns)* = ballare

danger *(déinger)* = pericolo

dangerous *(déingeras)* = pericoloso

dark *(dàak)* = buio / scuro

date *(déit)* = appuntamento / data

daughter *(dóutar)* = figlia

day *(déi)* = giorno

dead *(dèd)* = morto

dear *(dìar)* = caro

(to) decide *(tu disàid)* = decidere

deep *(dìip)* = profondo

daisy
margherita

to dance ballare

degree *(digrìi)* = grado
delivery *(delìveri)* = consegna
dentist *(dèntist)* = dentista
desk *(dèsk)* = banco

desk banco

(to) die *(tu dài)* = morire
different *(dìfrent)* = diverso
difficult *(dìficolt)* = difficile
dinner *(dìnar)* = cena
dinosaur *(dàinosor)* = dinosauro

dinosaur dinosauro

dirty *(dérti)* = sporco
disgusting *(disgàstin)* = disgustoso
dish *(dìsc)* = piatto
(to) do *(tu dù)* = fare
doctor *(dòktor)* = dottore
dog *(dògh)* = cane
door *(dóor)* = porta

doctor dottore

double *(dàbol)* = doppio
down *(dàun)* = giù
dragon *(drègon)* = drago
(to) draw *(tu dró)* = disegnare
drawing *(dróin)* = disegno
dream *(drìim)* = sogno

dragon drago

dress *(drès)* = vestito femminile
(to) dress *(tu drès)* = vestirsi
(to get) dressed *(tu ghèt drèsd)* = vestirsi
(to) drink *(tu drìnk)* = bere
(to) drive *(tu dràiv)* = guidare
drop *(dròp)* = goccia
dry *(drài)* = asciutto
duck *(dàk)* = anatra
duckling *(dàklin)* =
   anatroccolo
during *(diùrin)* = durante
dust *(dàst)* = polvere

to drink bere

e *(ii)*

envelope = busta

each *(iic)* = ciascuno

ear *(iar)* = orecchio

early *(èrli)* = presto

earth *(èrth)* = terra

Easter *(ìster)* = Pasqua

to eat mangiare

easy *(ìsi)* = facile

(to) eat *(tu iit)* = mangiare

edge *(èg)* = orlo

effort *(èfort)* = sforzo

egg *(ègh)* = uovo

electric *(elèktrik)* = elettrico

egg uovo

end *(ènd)* = fine

(to) enjoy oneself *(tu engiòi uansèlf)* = divertirsi

entrance *(èntrans)* = entrata

envelope *(ènveloup)* = busta

eraser *(irèisar)* = gomma

(to) essay *(tu èsei)* = provare

even *(ìven)* = persino

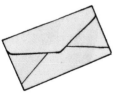

envelope busta

evening *(ivnin)* = sera

every *(èvri)* = ogni / ciascuno

everybody *(èvribadi)* = tutti / ognuno

everything *(èvrithin)* = tutto / ogni cosa

exactly *(eksèktli)* = esattamente

exam *(eksàm)* = esame

except *(eksèpt)* = tranne

excuse me *(ekskiùs mi)* = mi scusi

exercise *(èksersais)* = esercizio

exercise book *(èksersais bùk)* = quaderno

expensive *(ekspènsiv)* = costoso

(to) explain *(tu ekspléin)* = spiegare

explorer *(eksplòrer)* =
  esploratore

eye *(ài)* = occhio

evening sera

f (èf)

frog = rana

face *(féis)* = faccia
(to) fail *(tu féil)* = non riuscire
fair *(fèar)* = biondo
fairy *(fèari)* = fata
fairy tale *(fèari téil)* = fiaba
(to) fall *(tu fól)* = cadere
false *(fóls)* = finto / falso
family *(fèmili)* = famiglia
far *(fàr)* = lontano
fare *(fèar)* = tariffa
farm *(fàrm)* = fattoria
fast *(fàst)* = veloce
fat *(fàt)* = grasso

fair biondo

to fall cadere

family famiglia

father *(fàdhar)* = padre

Father Christmas *(fàdhar krìsmas)* =
   Babbo Natale

fault *(fóut)* = colpa

favourite *(féivrit)* = preferito

fear *(fiar)* = paura

feather *(fèdhe)* = piuma

(to) feed *(tu fìid)* = nutrire

(to) feel *(tu fìil)* = sentirsi

feeling *(fìilin)* = sensazione

fence *(fèns)* = recinto

few *(fiù)* = pochi

field *(fìild)* = prato / campo

(to) fight *(tu fàit)* = combattere

(to) fill *(tu fil)* = riempire

film *(fìlm)* = rullino fotografico / pellicola

final *(fàinal)* = ultimo

(to) find *(tu fàind)* = trovare

Father Christmas
Babbo Natale

film
rullino fotografico

fine *(fàin)* = bello
finger *(fìngar)* = dito
(to) finish *(tu fìnisc)* = finire
fire *(fàiar)* = fuoco / incendio
fireplace *(fàiarpleis)* = caminetto
first *(féurst)* = primo
fish *(fìsc)* = pesce
fishing *(fìscin)* = pesca (sport)
(to) fit *(tu fìt)* = andare bene
flag *(flàgh)* = bandiera
flame *(fléim)* = fiamma

fish pesce

fire fuoco

flag bandiera

flash *(flèsc)* = lampo

flat *(flàt)* = appartamento

floor *(flóor)* = pavimento / piano (edificio)

flower fiore

flour *(flàuar)* = farina

flower *(flàuar)* = fiore

fly *(flài)* = mosca

(to) fly *(tu flài)* = volare

fog *(fògh)* = nebbia

(to) follow *(tu fòlou)* = seguire

food *(fùud)* = cibo

food cibo

fool *(fùul)* = sciocco

foot *(fùt)* = piede / **feet** *(fiit)* = piedi

for *(fór)* = per

(to) forget *(tu forghèt)* = dimenticare

fork *(fórk)* = forchetta

forward *(fóuod)* = avanti

fork forchetta

fox *(fòks)* = volpe

free *(frii)* = libero / gratuito

fridge *(frìg)* = frigorifero

friend *(frènd)* = amico

frog *(frògh)* = rana

from *(fròm)* = da

fridge frigorifero

(in) front of *(in frònt òv)* = davanti

fruit *(frùt)* = frutta

full *(fùl)* = pieno

fun *(fàn)* = divertimento

funny *(fàni)* = buffo

fur *(fèur)* = pelliccia

furniture *(féurnicieur)* = mobili

frog rana

fruit frutta

g *(gii)*

goodbye = arrivederci

game *(ghéim)* = gioco
garden *(gàrdn)* = giardino
gate *(ghéit)* = cancello
(to) get *(tu ghèt)* = prendere
ghost *(góst)* = fantasma

ghost fantasma

giant *(giàiant)* = gigante
gift *(ghìft)* = regalo
girl *(ghèrl)* = ragazza
(to) give *(tu ghìv)* = dare
glad *(glàd)* = contento
glass *(glàs)* = bicchiere / vetro

glass bicchiere

glasses *(glàsis)* = occhiali
glove *(glàv)* = guanto
glue *(glùu)* = colla
(to) go *(tu góu)* = andare
(to) go out *(tu góu àut)* = uscire
gold *(góuld)* = oro

glue colla

good *(gùd)* = buono / bravo / bene

goodbye *(gudbài)* = arrivederci

good morning *(gùd mónin)* = buongiorno

good night *(gùd nàit)* = buona notte

goose *(gùus)* = oca

gossip *(gòssip)* = pettegolezzo

grandfather *(gràndfadhar)* = nonno

grandmother *(gràndmadhar)* = nonna

grapefruit *(gréipfrut)* = pompelmo

grapes *(gréips)* = uva

grass *(gràs)* = erba

Torquato

grandfather nonno

Goodbye!
Arrivederci!

goodbye arrivederci

great *(gréit)* = grande
greetings *(grìitins)* = auguri
ground *(gràund)* = terreno
group *(grùp)* = gruppo
(to) grow *(tu gróu)* = crescere
(to) guess *(tu ghès)* = indovinare
guest *(ghèst)* = ospite
guitar *(ghitàr)* = chitarra
gum *(gàm)* = gomma
guy *(gài)* = tizio

guitar chitarra

h *(éic)*

honey = miele

hair *(hèar)* = capelli

half *(hàf)* = metà

Halloween *(helouìin)* = Halloween

ham *(hàm)* = prosciutto

hammer *(hèmer)* = martello

hand *(hènd)* = mano

handkerchief *(hènkecif)* = fazzoletto

(to) happen *(tu hàpen)* = accadere

happy *(hèpi)* = felice / allegro

harbour *(hàrbor)* = porto

hard *(hàad)* = duro / difficile

hat *(hàt)* = cappello

hat cappello

happy felice

(to) hate *(tu héit)* = odiare

(to) have *(tu hèv)* = avere

head *(hèd)* = testa

health *(hèlth)* = salute

(to) hear *(tu hìar)* = sentire

heart *(hàrt)* = cuore

heat *(hìit)* = calore

heavy *(hèvi)* = pesante

heel *(hìil)* = tacco

height *(hàit)* = altezza

hello *(halóu)* = ciao

help *(hèlp)* = aiuto

here *(hìar)* = qui

(to) hide *(tu hàid)* = nascondere

high *(hài)* = alto

hill *(hìl)* = collina

(to) hit *(tu hìt)* = colpire / picchiare

hockey *(hòkei)* = hockey

heart cuore

heel tacco

(to) hold *(tu hóuld)* = tenere

hole *(hóul)* = buco

holiday *(hòlidei)* = vacanza

home *(hóm)* = casa propria

homework *(hómuork)* = compito

honey *(hàni)* = miele

hood *(hùd)* = cappuccio

(to) hope *(tu hóup)* = sperare

horn *(hórn)* = corno

horse *(hóurs)* = cavallo

hospital *(hòspitol)* = ospedale

hot *(hòt)* = caldo

hotel *(hotèl)* = albergo

hour *(àuar)* = ora

house *(hàus)* = casa

how *(hàu)* = come

how many *(hàu mèni)* = quanti

how much *(hàu màc)* = quanto

honey miele

horse cavallo

(to) hug *(tu hàgh)* = abbracciare

hunger *(hàngher)* = fame

hungry *(hàngri)* = affamato

(to be) hungry *(tu bi hàngri)* = avere fame

(to) hurry *(tu hàri)* = sbrigarsi

hurry up! *(hàri àp)* = sbrigati!

(to) hurt *(tu hèurt)* = fare male

husband *(hàsband)* = marito

to hug abbracciare

hungry affamato

i *(ài)*

ice = ghiaccio

ice *(àis)* = ghiaccio

ice-cream *(àis-krìm)* = gelato

idea *(aidìa)* = idea

ice ghiaccio

identity card *(aidéntiti kàad)* = carta d'identità

if *(if)* = se

ill *(il)* = malato

important *(impótant)* = importante

in *(in)* = in / dentro

information *(informéiscion)* = informazione

ink *(ink)* = inchiostro

insect *(insekt)* = insetto

inside *(insàid)* = dentro / in

instead *(instèd)* = invece

interesting *(intrestin)* = interessante

into *(intu)* = in / dentro

(to) invite *(tu invàit)* = invitare

iron *(àiron)* = ferro da stiro

island *(àiland)* = isola

ice-cream gelato

j *(géi)*

joke = scherzo

jacket *(giàket)* = giacca
jail *(géil)* = prigione
jam *(gèm)* = marmellata / pasticcio
jar *(giàr)* = vaso
jazz *(giàs)* = jazz
jeans *(gìins)* = jeans
jewel *(giùel)* = gioiello
job *(giòb)* = lavoro

jewel gioiello

job lavoro

(to) join *(tu giòin)* = fare parte di / unire
joke *(gióuk)* = scherzo
jolly *(giòlli)* = jolly
journey *(gèrni)* = viaggio
juice *(giùus)* = spremuta
(to) jump *(tu giàmp)* = saltare
jumper *(giàmper)* = maglione

jumper maglione

It's so funny!
Divertente!

joke scherzo

k (kéi)

kick = calcio

karate *(karàti)* = karate

(to) keep *(tu kìip)* = conservare / tenere

key *(kì)* = chiave

kick *(kìk)* = calcio

kimono *(kimónou)* = kimono

kind *(kàind)* = genere / gentile / tipo

king *(kìn)* = re

kiss *(kìs)* = bacio

kitchen *(kìcen)* = cucina

kiwi *(kìuii)* = kiwi

knee *(nìi)* = ginocchio

knife *(nàif)* = coltello

(to) knock *(tu nòk)* = bussare

knot *(nòt)* = nodo

(to) know *(tu nóu)* = sapere / conoscere

koala *(kouàla)* = koala

key chiave

kiss bacio

kitchen cucina

l (èl)

leaf = foglia

label *(léibl)* = etichetta

lace *(léis)* = stringa

ladder *(làder)* = scaletta

lady *(léidi)* = signora

lake *(léik)* = lago

lamp *(làmp)* = lampada

land *(lànd)* = terra / paese

large *(làrg)* = grande / largo

last *(làst)* = ultimo

last name *(làst néim)* = cognome

late *(léit)* = tardi

(to) laugh *(tu làf)* = ridere

lazy *(léisi)* = pigro

leader *(lìdar)* = capo

leaf *(lìif)* = foglia /

  leaves *(lìivs)* = foglie

(to) learn *(tu lèrn)* = imparare

leather *(lèdhe)* = cuoio

lace stringa

He he he!

to laugh ridere

169

(to) leave *(tu lìiv)* = lasciare (andare via) / partire

left *(lèft)* = sinistra

leg *(lègh)* = gamba / zampa

lemon *(lèmon)* = limone

(to) lend *(tu lènd)* = prestare

lemon limone

length *(lènth)* = lunghezza

lesson *(lèsn)* = lezione

(to) let *(tu lèt)* = permettere / lasciare

letter *(lètar)* = lettera

lie *(lài)* = bugia

(to) lie *(tu lài)* = mentire

life *(làif)* = vita

light luce

lift *(lìft)* = ascensore

light *(làit)* = luce / leggero / chiaro

like *(làik)* = come

(to) like *(tu làik)* = piacere

lion *(làion)* = leone

lips *(lìps)* = labbra

(to) listen to *(tu lìsn tu)* = ascoltare

little *(lìtl)* = poco / piccolo

(to) live *(tu lìv)* = abitare / vivere

(to) lock *(tu lòk)* = chiudere a chiave

long *(lòngh)* = lungo

(to) look *(tu lùk)* = guardare / sembrare

(to) look for *(tu lùk for)* = cercare

(to) lose *(tu lùus)* = perdere

(a) lot *(é lòt)* = molto

loud *(làud)* = rumoroso

love *(làv)* = amore

lovely *(làvli)* = carino

low *(lóu)* = basso

lucky *(làki)* = fortunato

luggage bagaglio

luggage *(làgheg)* = bagaglio

lunch *(lànc)* = pranzo

m *(èm)*

music = musica

machine *(mascìn)* = macchina

mad *(mèd)* = pazzo

made of *(méid ov)* = fatto di

magazine *(meghesìin)* = rivista

magic *(mègik)* = magia

mail *(méil)* = posta

(to) make *(tu méik)* = fare

map mappa

man *(màn)* = uomo / **men** *(mèn)* = uomini

many *(mèni)* = tanti

map *(mèp)* = mappa

mark *(màak)* = segno / voto

market *(màaket)* = mercato

(to) marry *(tu màrri)* = sposarsi

mask *(màsk)* = maschera

match *(mèc)* = fiammifero

maybe *(méibi)* = forse

meaning *(mìnin)* = significato

mask maschera

meat *(mìit)* = carne

173

medicine *(mèdisin)* = medicina

(to) meet *(tu mìit)* = incontrare

menu *(mèniu)* = menu

merry *(mèri)* = felice / allegro

mess *(mès)* = disordine / pasticcio

mirror specchio

midday *(mìddei)* = mezzogiorno

(in the) middle *(in dhe mìdol)* = nel mezzo

midnight *(mìdnait)* = mezzanotte

milk *(mìlk)* = latte

minute *(mìnit)* = minuto

mirror *(mìrror)* = specchio

(to) miss *(tu mìs)* = perdere / sentire
   la mancanza di

mistake *(mistéik)* = errore

money *(màni)* = soldi

to miss perdere

monkey *(mànki)* = scimmia

month *(mànth)* = mese

moon *(mùun)* = luna

more *(móur)* = di più / ancora

morning *(mónin)* = mattino

mosquito *(moskìtou)* = zanzara

(the) most *(dhe móust)* = il più / la maggior parte

mother *(màdhar)* = madre

motorbike *(móutorbaik)* = motocicletta

mountain *(màuntin)* = montagna

mouse *(màus)* = topo

mouth *(màuth)* = bocca

(to) move *(tu mùuv)* = spostare / spostarsi

movie *(mùuvi)* = film

much *(màc)* = tanto / molto

(too) much *(tùu màc)* = troppo

music *(miùsik)* = musica

mountain montagna

music musica

n (èn)

nest = nido

nail *(néil)* = unghia / chiodo

naked *(néikd)* = nudo

name *(néim)* = nome

napkin *(nèpkin)* = tovagliolo

narrow *(nèrou)* = stretto

naughty *(nóuti)* = disubbidiente

near *(nìar)* = vicino / accanto

nearly *(nìarli)* = quasi

neat *(nìit)* = ordinato

neck *(nèk)* = collo

necklace *(nèkleis)* = collana

(to) need *(tu nìid)* = avere bisogno

neighbor *(néibour)* =
   vicino di casa

nest *(nèst)* = nido

net *(nèt)* = rete

never *(nèvar)* = mai

new *(nìu)* = nuovo

narrow stretto

net rete

newspaper *(niùspeipar)* = giornale

next (to) *(nèkst tu)* = accanto / prossimo

nice *(nàis)* = carino / simpatico

night *(nàit)* = notte

nobody *(nóbodi)* = nessuno

noise *(nòis)* = rumore

noisy *(nòisi)* = rumoroso

none *(nàn)* = nessuno

nose *(nóus)* = naso

nothing *(nàthin)* = niente

now *(nàu)* = adesso

nowhere *(nóuear)* = in nessun posto

number *(nàmber)* = numero

nurse *(nérs)* = infermiera

newspaper giornale

number numero

o *(óu)*

orange = arancia

odd *(òd)* = dispari
of *(òv)* = di
off *(òf)* = via
office *(òfis)* = ufficio
often *(òfen)* = spesso (sovente)
old *(óuld)* = vecchio
on *(òn)* = sopra
onion *(ònion)* = cipolla
only *(òunli)* = solamente
open *(óupen)* = aperto

onion
cipolla

office ufficio

(to) open *(tu óupen)* = aprire

or *(ór)* = o

orange *(òreng)* = arancia / arancione

other *(àdher)* = altro

out *(àut)* = fuori

outdoors *(autdóors)* = all'aperto

outside *(autsàid)* = fuori / all'esterno

over *(óuver)* = sopra / oltre

(to) own *(tu óun)* = possedere

to open aprire

orange arancia

p *(pii)*

paper = carta

pack *(pàk)* = zaino

(to) pack *(tu pàk)* = fare la valigia

page *(péig)* = pagina

pain *(péin)* = dolore

(to) paint *(tu péint)* = dipingere

pan padella

painting *(péintin)* = quadro

pair *(péar)* = paio

pan *(pèn)* = padella

pants *(pènts)* = mutande

paper *(péipar)* = carta

parents *(pèrents)* = genitori

park *(pàak)* = parco

part *(pàrt)* = parte

pain dolore

party *(pàrti)* = festa

(to) pass *(tu pàs)* = passare

passport *(pàssport)* =
   passaporto

paper carta

past *(pàst)* = passato

path *(pàth)* = sentiero
(to) pay *(tu péi)* = pagare
peach *(pìic)* = pesca (frutto)
pear *(péar)* = pera
peas *(pìis)* = piselli
(to) peel *(tu pìil)* = sbucciare
pen *(pèn)* = penna
pencil *(pènsl)* = matita
people *(pìpol)* = gente
perfect *(pérfekt)* = perfetto
perhaps *(perhèps)* = forse
person *(pèrsn)* = persona
pet *(pèt)* = animale domestico
petrol *(pètrol)* = benzina
piano *(piànou)* = pianoforte
(to) pick *(tu pìk)* = raccogliere
pie *(pài)* = torta
piece *(pìis)* = pezzo

pen penna

to peel
sbucciare

to pick
raccogliere

pig *(pìgh)* = maiale

pillow *(pìlou)* = cuscino

pin *(pìn)* = spillo

pineapple *(pàinepl)* = ananas

pink *(pìnk)* = rosa (colore)

place *(pléis)* = posto

plain *(pléin)* = semplice

(to) play *(tu pléi)* = giocare / suonare (uno strumento)

pleasant *(plèsnt)* = piacevole

please *(plìis)* = (per) piacere

pillow cuscino

pineapple ananas

to play giocare

plug *(plàgh)* = presa elettrica

plum *(plàm)* = prugna

pocket *(pòket)* = tasca

point *(pòint)* = punto

poison *(pòisn)* = veleno

postcard cartolina

policeman *(polìsman)* = poliziotto

polite *(polàit)* = educato

pollution *(polùscion)* = inquinamento

pond *(pònd)* = stagno

poor *(pùar)* = povero

port *(pórt)* = porto

postcard *(póustkard)* = cartolina

postman *(póustman)* = postino

pot *(pòt)* = pentola / vaso

potato *(potéito)* = patata

pot vaso

(to) pour *(tu póur)* = versare

(to) pray *(tu préi)* = pregare

present *(prèsnt)* = regalo

(to) press *(tu près)* = schiacciare

price *(pràis)* = prezzo

prison *(prìsn)* = prigione

prize *(pràis)* = premio

prize premio

(to) promise *(tu pròmis)* = promettere

proud *(pràud)* = orgoglioso

(to) pull *(tu pùl)* = tirare

pumpkin *(pàmpkin)* = zucca

pupil *(piùpl)* = alunno

puppy *(pàpi)* = cucciolo

(to) push *(tu pùsc)* = spingere

(to) put *(tu pùt)* = mettere

pyjamas *(pigiàmas)* = pigiama

pyjamas
pigiama

(to) pull tirare

q *(kiù)*

(be) quiet! = (stai) zitto!

quality *(kuòliti)* = qualità
(to) quarrel *(tu kuórel)* = litigare
queen *(kuìn)* = regina
question *(kuèstion)* = domanda
queue *(kiù)* = fila / coda
quickly *(kuìkli)* = velocemente
quiet *(kuàiet)* = tranquillo
(be) quiet! *(bi kuàiet)* = (stai) zitto!
(to) quit *(tu kuìt)* = lasciare

quickly
velocemente

queue coda

r (àr)

rainbow = arcobaleno

race *(réis)* = corsa

radio *(réidio)* = radio

raft *(ràft)* = zattera

rag *(règh)* = straccio

rain *(réin)* = pioggia

rain pioggia

rainbow *(réinbou)* = arcobaleno

raincoat *(réinkout)* = impermeabile

rat *(ràt)* = ratto

raw *(róu)* = crudo

razor *(réiso)* = rasoio

(to) reach *(tu rìic)* = raggiungere

(to) read *(tu rìid)* = leggere

ready *(rédi)* = pronto

real *(rìal)* = vero

really *(rìli)* = veramente

raincoat
impermeabile

reason *(rìson)* = motivo / ragione

(to) receive *(tu risìiv)* = ricevere

relative *(rèlativ)* = parente

(to) remember *(tu rimèmber)* = ricordare

(to) repeat *(tu ripìt)* = ripetere

reply *(riplài)* = risposta

(to) rest *(tu rèst)* = riposare

restaurant *(rèstorant)* = ristorante

rice *(ràis)* = riso

rich *(rìc)* = ricco

right *(ràit)* = destra / giusto

ring *(rìn)* = anello

(to) ring *(tu rìn)* = suonare

river *(rìver)* = fiume

road *(róud)* = strada

rock *(ròk)* = scoglio / roccia

roll *(ról)* = panino

to ring suonar

rice riso

rich ricco

roof *(rùuf)* = tetto

room *(rùum)* = camera

rope *(róup)* = corda

rose *(róus)* = rosa (fiore)

rough *(ràf)* = ruvido

round *(ràund)* = rotondo

to run correre

rubber *(ràbar)* = gomma

rubber band *(ràbar bènd)* = elastico

rucksack *(ràksek)* = zaino

rude *(rùd)* = maleducato

rule *(rùl)* = regola

(to) run *(tu ràn)* = correre

(to) run after *(tu ràn àfter)* = inseguire

to run after inseguire

s (ès)

snow = neve

sad *(sèd)* = triste
safe *(séif)* = (al) sicuro
sail *(séil)* = vela
sailor *(séilar)* = marinaio

salt sale

salad *(sàlad)* = insalata
(for) sale *(for séil)* = (in) vendita
salt *(sólt)* = sale
(the) same *(dhe séim)* = (lo) stesso
sand *(sànd)* = sabbia
sandwich *(sènduic)* = panino
Santa Claus *(sènta klòus)* = Babbo Natale
sausage *(sòseg)* = salsiccia
(to) save *(tu séiv)* = risparmiare / salvare

to save
salvare

(to) say *(tu séi)* = dire

scared *(skéad)* = spaventato

(to) be scared *(tu bi skéad)* = aver paura

school *(skùul)* = scuola

scratch *(skrèc)* = graffio

(to) scream *(tu skriim)* = gridare

sea *(sìi)* = mare

season *(sìisn)* = stagione

seat *(sìit)* = posto (a sedere)

secret *(sìkret)* = segreto

(to) see *(tu sìi)* = vedere

(to) seem *(tu sìim)* = sembrare

(to) sell *(tu sèl)* = vendere

sea mare

school scuola

(to) send *(tu sènd)* = spedire
several *(sèveral)* = parecchi
shadow *(scédou)* = ombra
(to) shake *(tu scéik)* = scuotere
shape *(scéip)* = forma
(to) share *(tu scèr)* = dividere
shark *(sciàak)* = squalo
sharp *(sciàap)* = tagliente
sheet *(sciit)* = lenzuolo / foglio
shelf *(scèlf)* = scaffale
(to) shine *(tu sciàin)* = splendere
ship *(scìp)* = nave
shirt *(scèrt)* = camicia
shoe *(sciùu)* = scarpa

shelf scaffale

shoe scarpa

shark squalo

shop negozio

shop *(sciòp)* = negozio

short *(sciórt)* = basso (di statura) / corto

short-sighted *(sciórt-sàitd)* = miope

shoulder *(scióuldar)* = spalla

(to) shout *(tu sciàut)* = gridare

(to) show *(tu scióu)* = mostrare / far vedere

shower *(sciàuar)* = doccia

(to) shut *(tu sciàt)* = chiudere

sick *(sìk)* = malato / nauseato

side *(sàid)* = lato

sign *(sàin)* = segno

(to) sign *(tu sàin)* = firmare

to shout gridare

silent *(sàilent)* = silenzioso
silk *(silk)* = seta
silly *(sìli)* = sciocco
silver *(sìlver)* = argento
simple *(sìmpl)* = semplice
since *(sìns)* = da quando

to skate pattinare

(to) sing *(tu sìn)* = cantare
sister *(sìstar)* = sorella
(to) sit down *(tu sìt dàun)* = sedersi
size *(sàis)* = taglia
(to) skate *(tu skéit)* = pattinare
skin *(skìn)* = pelle
skirt *(skèert)* = gonna
sky *(skài)* = cielo
(to) sleep *(tu slìip)* = dormire
sleeve *(slìiv)* = manica
slice *(slàis)* = fetta
slim *(slìm)* = magro (sottile)

skirt gonna

slippers *(slìpers)* = ciabatte

slippery *(slìperi)* = scivoloso

small *(smól)* = piccolo

smart *(smàrt)* = elegante

smell *(smèl)* = odore

smile *(smàil)* = sorriso

smooth *(smùuth)* = liscio

snake *(snéik)* = serpente

(to) sneeze *(tu snìis)* = starnutire

(to) snore *(tu snór)* = russare

snow *(snóu)* = neve

soap *(sóup)* = sapone

sock *(sòk)* = calza

sofa *(sóufa)* = divano

soft *(sòft)* = morbido

soil *(sòil)* = terreno

some *(sàm)* = qualche

somebody *(sàmbodi)* = qualcuno

smell odore

snow neve

something *(sàmthin)* = qualcosa
son *(sàn)* = figlio
song *(sòn)* = canzone
soon *(sùun)* = presto
sorry *(sòrri)* = scusami
sound *(sàund)* = suono

soup zuppa

soup *(sùup)* = zuppa
(to) speak *(tu spìik)* = parlare
speed *(spìid)* = velocità
(to) spend *(tu spènd)* = trascorrere
spider *(spàider)* = ragno
spoiled *(spòilt)* = rovinato / viziato
spoon *(spùun)* = cucchiaio
spot *(spòt)* = macchia / brufolo
(to) spread *(tu sprèd)* = spalmare
square *(skuèar)* = piazza / quadrato
squash *(skuòsc)* = spremuta
squirrel *(skuìrel)* = scoiattolo

spoon
cucchiaio

stairs *(stèars)* = scale
stamp *(stàmp)* = francobollo
star *(stàr)* = stella
(to) start *(tu stàt)* = incominciare
station *(stéiscion)* = stazione
(to) stay *(tu stéi)* = stare
steak *(stéik)* = bistecca
(to) steal *(tu stìil)* = rubare
steam *(stìim)* = vapore
step *(stèp)* = passo
stick *(stìk)* = bastone

star stella

steak bistecca

stick bastone

to sting
pungere

(to) sting *(tu stìn)* = pungere
stone *(stóun)* = pietra / sasso
(to) stop *(tu stòp)* = fermare / fermarsi
store *(stóur)* = negozio
storm *(stórm)* = tempesta
straight *(stréit)* = dritto

storm tempesta

strawberry *(stróberi)* = fragola

stream *(strìim)* = ruscello

street *(strìit)* = strada / via

string *(strìn)* = corda

strong *(stròn)* = forte

strawberry
fragola

(to) study *(tu stàdi)* = studiare

(to) succeed *(tu saksìid)* = riuscire

such *(sàc)* = tale

sugar *(sciùgar)* = zucchero

suitcase *(sùtkeis)* = valigia

sun *(sàn)* = sole

supper *(sàpar)* = cena

sugar zucchero

(to) suppose *(tu sapóus)* =
    presumere

sure *(sciùr)* = sicuro

surname *(sèurneim)* = cognome

sweat *(suèt)* = sudore

sweater *(suètar)* = maglione

sweat sudore

204

sweet *(suìit)* = caramella / dolce
(to) swim *(tu suìm)* = nuotare
swimming-pool *(suìmmin-pùul)* = piscina
swimsuit *(suìmsut)* = costume da bagno

swimming-pool piscina

t *(tii)*

tie = cravatta

table *(téibl)* = tavolo

tablecloth *(téiblkloth)* = tovaglia

tail *(téil)* = coda

(to) take *(tu téik)* = prendere / portare

(to) take a picture *(tu téik é pìkcia)* = fotografare

(to) talk *(tu tók)* = parlare

tall *(tól)* = alto

tan *(tèn)* = abbronzatura

taste *(téist)* = gusto

taxi *(tàksi)* = taxi

tea *(tìi)* = tè

teacher *(tìciar)* = insegnante

to take a picture
fotografare

teacher insegnante

team *(tìim)* = squadra

tea-pot *(tìi-pòt)* = teiera

tear *(tìar)* = lacrima

(to) tease *(tu tìis)* = prendere in giro

tea-pot teiera

telephone *(tèlefon)* = telefono

television *(televijon)* = televisione

(to) tell *(tu tèl)* = raccontare

tent *(tènt)* = tenda da campeggio

thank you *(thènk iù)* = grazie

that *(dhèt)* = quello

then *(dhèn)* = poi

there *(dhèr)* = là

team squadra

thick *(thìk)* = spesso (fitto)

thin *(thìn)* = magro (sottile)

thing *(thìn)* = cosa

(to) think *(tu thìnk)* = pensare

ticket biglietto

thirst *(thèurst)* = sete

(to be) thirsty *(tu bi thèursti)* = avere sete

this *(dhìs)* = questo

thorn *(thón)* = spina

those *(dhóus)* = quelli

through *(thrù)* = attraverso

(to) throw *(tu thróu)* = lanciare

ticket *(tìket)* = biglietto

(to) tickle *(tu tìkl)* = fare il solletico

tidy *(tàidi)* = ordinato

tie *(tài)* = cravatta

tie cravatta

tiger *(tàigar)* = tigre

tight *(tàit)* = stretto

time *(tàim)* = tempo / ora

tin *(tìn)* = lattina

tiny *(tàini)* = piccolo

tired *(tàiard)* = stanco

today *(tudéi)* = oggi

together *(tughèdhar)* = insieme

toothbrush
spazzolino

toilet paper *(tòilet péipar)* = carta igienica

tomato *(tomàtou)* = pomodoro

tomorrow *(tumòrou)* = domani

tongue *(tàngh)* = lingua

tonight *(tunàit)* = stasera

tooth *(tùth)* = dente / **teeth** *(tìith)* = denti

toothbrush *(tùthbrasc)* = spazzolino da denti

toothpaste *(tùthpeist)* = dentifricio

top *(tòp)* = cima

top cima

(to) touch *(tu tàc)* = toccare

tough *(tàf)* = duro

towel *(tàuel)* = asciugamano

town *(tàun)* = città

toy *(tòi)* = giocattolo
traffic lights *(tràfik làits)* = semaforo
train *(tréin)* = treno
(to) travel *(tu tràvl)* = viaggiare
tree *(trìi)* = albero
trick *(trìk)* = scherzo
trip *(trìp)* = viaggio
trousers *(tràusers)* = pantaloni
true *(trù)* = vero
(to) try *(tu trài)* = provare
tube *(tiùb)* = metropolitana
tummy *(tàmi)* = pancia
turkey *(térki)* = tacchino
(to) turn *(tu tèurn)* = girare
turnip *(tèunip)* = rapa
twins *(tuìns)* = gemelli
tyre *(tàiar)* = pneumatico

twins gemelli

traffic lights semaforo

u (iùu)

umbrella = ombrello

ugly *(àghli)* = brutto

umbrella *(ambrèla)* = ombrello

uncle *(ànkol)* = zio

under *(ànder)* = sotto

underground *(àndergraund)* = metropolitana

(to) understand *(tu anderstènd)* = capire

(to) undress *(tu andrès)* = spogliarsi

unhappy *(anhèpi)* = triste

university *(iunivèrsiti)* = università

up *(àp)* = su

upside down *(àpsaid dàun)* = capovolto

(to) use *(tu iùus)* = usare

useful *(iùsful)* = utile

unhappy triste

upside down
capovolto

V (vii)

Aaaaaaaaaaahhh...ahhh!!!

voice = voce

vase *(véis)* = vaso
vegetables *(vègetbols)* = verdure
velvet *(vèlvet)* = velluto
very *(vèri)* = molto
(to) visit *(tu vìsit)* =
  far visita a
voice *(vòis)* = voce

vegetables
verdure

to visit far visita a

w *(dàbliu)*

wool = lana

wafer *(uéifer)* = wafer

(to) wait (for) *(tu uéit for)* = aspettare

(to) wake up *(tu uéik àp)* = svegliarsi

(to) walk *(tu uók)* = camminare

wall *(uól)* = muro

wallet *(uòlet)* = portafogli

waltz *(uólts)* = walzer

(to) want *(tu uònt)* = volere

war *(uór)* = guerra

to wake up
svegliarsi

wardrobe *(uódrob)* = armadio

warm *(uórm)* = caldo

(to) wash *(tu uòsc)* = lavare

to wash lavare

(to) waste *(tu uéist)* = sprecare /perdere

watch *(uòc)* = orologio (da polso)

(to) watch *(tu uòc)* = guardare

water *(uótar)* = acqua

water closet *(uótar klòset)* = water

watt *(uòt)* = watt

wave *(uéiv)* = onda

way *(uéi)* = strada

weak *(uìik)* = debole

(to) wear *(tu uèar)* = indossare

wave onda

weather *(uèdher)* = tempo atmosferico

weight *(uéit)* = peso

well *(uèl)* = bene

wet *(uèt)* = bagnato

wheel *(uìil)* = ruota

when *(uèn)* = quando

where *(uèr)* = dove

which *(uìc)* = quale

weather
tempo atmosferico

VIA
COL VENTO

whistle *(uìsol)* = fischietto

who *(hù)* = chi

why? *(uài)* = perché? (domanda)

wide *(uàid)* = largo / aperto

wife *(uàif)* = moglie

wild *(uàild)* = selvaggio

(to) win *(tu uìn)* = vincere

wind *(uìnd)* = vento

whistle fischietto

window *(uìndou)* = finestra

wing *(uìngh)* = ala

wish *(uìsc)* = desiderio

(to) wish *(tu uìsc)* = desiderare / volere

wishes *(uìscis)* = auguri

witch *(uìc)* = strega

with *(uìdh)* = con

without *(uidhàut)* = senza

woman *(uòman)* = donna

women *(uìmen)* = donne

wind vento

wonderful *(uàndeful)* = meraviglioso

wood *(vùud)* = legno

wool *(ùul)* = lana

word *(uórd)* = parola

(to) work *(tu uórk)* = lavorare

world *(uòrld)* = mondo

(to) worry *(tu uòri)* = preoccuparsi

worse *(uórs)* = peggio

(to) write *(tu ràit)* = scrivere

wool
lana

to write
scrivere

x *(èks)*

xylophone = xilofono

Xmas *(krìsmas)* = Natale

x-ray *(èks-rèi)* = radiografia

xylophone *(ksàilofon)* = xilofono

x-ray radiografia

y (vài)

yo-yo = yo-yo

year *(iar)* = anno

yes *(iès)* = sì

yesterday *(ièstedei)* = ieri

yet *(ièt)* = ancora

(not) yet *(nòt ièt)* = non ancora

yoghurt *(iògurt)* = yogurt

young *(iàngh)* = giovane

yo-yo *(iò-iò)* = yo-yo

yoghurt
yogurt

young giovane

z *(sèd)*

zebra crossing = strisce pedonali

zebra crossing *(sìbra kròsin)* = strisce pedonali
zero *(sìrou)* = zero

zebra crossing
strisce pedonali

ALPHABET (âlfabet) alfabeto

A a like **apple** (mela!)

B b like **ball** (palla!)

C c like **car** (automobile!)

D d like **drop** (goccia!)

E e like **egg** (uovo!)

F f like **frog** (rana!)

G g like **guitar** (chitarra!)

H h like **hockey** (hockey!)

I i like **insect** (insetto!)

J j like **jazz** (jazz!)

K k like **kiss** (bacio!)

L l like **leaf** (foglia!)

apple mela

drop goccia

leaf foglia

M m like **milk** (latte!)

N n like **newspaper** (giornale!)

O o like **office** (ufficio!)

newspaper giornale

P p like **piano** (pianoforte!)

Q q like **queen** (regina!)

R r like **road** (strada!)

S s like **ship** (nave!)

watch orologio

T t like **toy** (giocattolo!)

U u like **university** (università!)

V v like **voice** (voce!)

W w like **watch** (orologio!)

X x like **xylophone** (xilofono!)

xylophone xilofono

Y y like **yo-yo** (yo-yo!)

Z z like **zebra crossing** (strisce pedonali!)

COLOURS

(kâlars) colori

 ARANCiONE
orange *(òreng)*

 ROSSO
red *(rèd)*

 GRiGiO
grey *(gréi)*

 **NERO**
black *(blèk)*

 BLU
blue *(blù)*

 **VERDE**
green *(griin)*

 MARRONE
brown *(bràun)*

 **ROSA**
pink *(pìnk)*

 ViOLA
purple *(péepl)*

 GiALLO
yellow *(ièlou)*

NUMBERS
(nâmbers) numeri

1 ONE *(uàn)*

2 TWO *(tùu)*

3 THREE *(thrìi)*

4 FOUR *(fóor)*

5 FIVE *(fàiv)*

6 SIX *(sìks)*

7 SEVEN *(sèven)*

8 EIGHT *(éit)*

9 NINE *(nàin)*

10 TEN *(tèn)*

11 ELEVEN *(ilèven)*

12 TWELVE *(tuèlv)*

13 THIRTEEN *(thertìin)*

14 FOURTEEN *(fortìin)*

15 FIFTEEN *(fiftìin)*

16 SIXTEEN *(sikstìin)*

17 SEVENTEEN *(seventìin)*

18 EIGHTEEN *(eitìin)*

19 NINETEEN *(naintìin)*

20 TWENTY *(tuènti)*

21 TWENTY-ONE
(tuènti-uàn)

22 TWENTY-TWO
(tuènti-tùu)

23 TWENTY-THREE
(tuènti-thrìi)

24 TWENTY-FOUR
(tuènti-fóor)

25 TWENTY-FIVE
(tuènti-fàiv)

26 TWENTY-SIX
(tuènti-sìks)

27 TWENTY-SEVEN
(tuènti-sèven)

28 TWENTY-EIGHT
(tuènti-éit)

29 TWENTY-NINE
(tuènti-nàin)

30 THIRTY
(thèrti)

40 FOURTY *(fòurti)* **70** SEVENTY *(sèventi)*

50 FIFTY *(fìfti)* **80** EIGHTY *(èiti)*

60 SIXTY *(sìksti)* **90** NINETY *(nàinti)*

100 ONE HUNDRED *(uàn hàndred)*

1.000 ONE THOUSAND *(uàn thàusand)*

1.000.000 ONE MILLION *(uàn mìlion)*

Wow! 1.000.000.000

1.000.000.000
ONE MILLIARD *(uàn mìliard)*
oppure
ONE BILLION *(uàn bìlion)*

DAYS OF THE WEEK (déis ov dhe uìk)
giorni della settimana

MONDAY
lunedì
(màndei)

SUNDAY
domenica
(sàndei)

Ronf...
Ronf...
Ronf...

TUESDAY martedì *(tiùsdei)*

SATURDAY
sabato
(sàturdei)

WEDNESDAY
mercoledì
(uènsdei)

FRIDAY
venerdì
(fràidei)

THURSDAY
giovedì
(thérsdei)

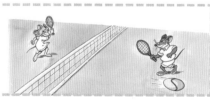

232

MONTHS OF THE YEAR

(mânths ov dhe ìar) mesi dell'anno

JANUARY

gennaio *(gènueri)*

FEBRUARY

febbraio *(fèbrueri)*

MARCH

marzo *(màrc)*

APRIL

aprile *(éipril)*

MAY

maggio *(méi)*

JUNE

giugno *(giùn)*

JULY

luglio *(giulài)*

AUGUST

agosto *(òughest)*

SEPTEMBER

settembre *(septèmbar)*

OCTOBER

ottobre *(oktòubar)*

NOVEMBER

novembre *(nouvèmbar)*

DECEMBER

dicembre *(disèmbar)*

NATIONS

(néscions) nazioni

Belgium *(bèlgium)* = Belgio
Canada *(kànada)* = Canada
China *(ciàina)* = Cina
Denmark *(dènmaak)* = Danimarca
Finland *(finland)* = Finlandia
France *(fràns)* = Francia
Wales *(uèils)* = Galles
Germany *(gèurmani)* = Germania
Japan *(japàn)* = Giappone
Great Britain *(grèit brìtan)* = Gran Bretagna
Greece *(grìis)* = Grecia
Ireland *(àiland)* = Irlanda
Italy *(itali)* = Italia
Norway *(nòruei)* = Norvegia
Holland *(hòlland)* = Olanda
Poland *(pòland)* = Polonia
Portugal *(pòrtiugal)* = Portogallo
Scotland *(skòtland)* = Scozia
Spain *(spèin)* = Spagna
United States of America *(iunàited stèits ov amèrika)* = Stati Uniti d'America
Sweden *(suìden)* = Svezia

FROM LONDON...

(from Lândon...) da Londra...

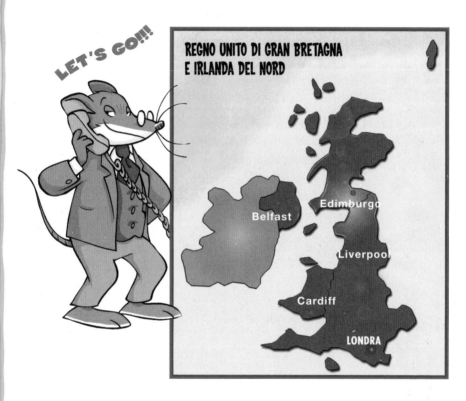

LET'S GO!!!

REGNO UNITO DI GRAN BRETAGNA E IRLANDA DEL NORD

Belfast

Edimburgo

Liverpool

Cardiff

LONDRA

**Regno Unito di Gran Bretagna
e Irlanda del Nord**
Superficie: 244 100 kmq
Popolaz.: 60 600 000 abitanti

Monarchia costituzionale
Capitale: Londra
Lingua: Inglese
Moneta: Sterlina

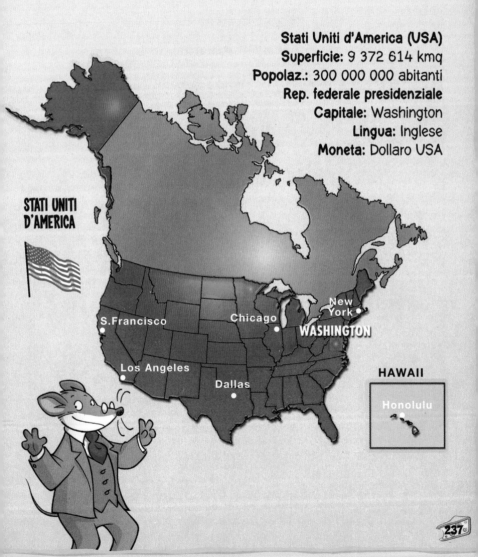

... TO NEW YORK
(... tu Niŭ Iôrk) ... a New York!

Stati Uniti d'America (USA)
Superficie: 9 372 614 kmq
Popolaz.: 300 000 000 abitanti
Rep. federale presidenziale
Capitale: Washington
Lingua: Inglese
Moneta: Dollaro USA

STATI UNITI
D'AMERICA

S.Francisco
Chicago
New York
WASHINGTON
Los Angeles
Dallas

HAWAII
Honolulu

USEFUL WORDS

(iūsful uôrds) parole utili

FRIENDS
(frênds) amici

come ti chiami?	**what's your name?** *(uòts iòor néim)*
mi chiamo...	**my name is...** *(mài néim ìs)*
quanti anni hai?	**how old are you?** *(hàu óld àr iù)*
ho sette anni	**I'm seven years old** *(àim sèven ìars óld)*
dove abiti?	**where do you live?** *(uèr du iù lìv)*
abito a Milano	**I live in Milan** *(ài lìv in Milèn)*
che ore sono?	**what time is it?** *(uòt tàim ìs ìt)*
sono le sette e mezza	**it's half past seven** *(its hàf pàst sèven)*
sono alto/a	**I am tall** *(ài èm tól)*
sono basso/a	**I am short** *(ài èm sciòrt)*
da dove vieni?	**where are you from?** *(uèr ar iù fròm)*

WHERE IS...?

(uêr is...?) dov'è...?

... l'hotel?	... **the hotel?** (dhe hotèl)
... la stazione?	... **the railway station?** (dhe réiluei stéiscion)
... l'aeroporto?	... **the airport?** (dhi èirport)
... il porto?	... **the harbour?** (dhe hàrbor)
... l'autobus?	... **the bus?** (dhe bàs)
... il cinema?	... **the cinema?** (dhe sìnema)
... il teatro?	... **the theatre?** (dhe thìater)
... il museo?	... **the museum?** (dhe miusìum)
... la banca?	... **the bank?** (dhe bànk)
... il parco?	... **the park?** (dhe pàak)
... la posta?	... **the post office?** (dhe póust òfis)
... la piscina?	... **the swimming-pool?** (dhe suìmmin-pùul)
... la palestra?	... **the gym?** (dhe gìm)
... il centro?	... **the centre?** (dhe sèntar)

239

HOW DO YOU SAY...?

(âu du iŭ sêi...?) come si dice...?

per favore	**please** *(plìis)*
grazie	**thank you** *(thènk iù)*
prego	**you are welcome** *(iù àr uèlcom)*
buongiorno	**good morning** *(gùd mónin)*
buona sera	**good evening** *(gùd ìvnin)*
ciao	**hello** *(halóu)*
arrivederci	**good bye** *(gùd bài)*
è lontano?	**is it far?** *(is it fàr)*
è vicino?	**is it near?** *(is it nìar)*
gira a destra	**turn right** *(tèurn ràit)*
è sulla sinistra	**it's on the left** *(ìts òn dhe lèft)*
vai sempre dritto	**go straight on** *(góu stréit òn)*

Is it far?

No, it's on the left!

I? MY?
(âi? mâi?) io? mio?

PERSONAL PRONOUNS PRONOMI PERSONALI	POSSESSIVE ADJECTIVES AGGETTIVI POSSESSIVI
I *(ài)* - io	**my** *(mài)* - mio
you *(iù)* - tu	**your** *(iòor)* - tuo
he *(hi)* - egli / lui	**his** *(hís)* - suo (di lui)
she *(sci)* - ella / lei	**her** *(hèur)* - suo (di lei)
it *(it)* - esso / a	**its** *(íts)* - suo (di esso)
we *(uí)* - noi	**our** *(àuar)* - nostro
you *(iù)* - voi	**your** *(iòor)* - vostro
they *(dhéi)* - loro	**their** *(dhéir)* - loro

I... YOUR... MY... HIS... HER... ITS... WE... THEM... IT...

THE HOUSE (dhe hâus) la casa

1. porta = **door** *(dóor)*
2. salotto = **living room** *(lìvin rùum)*
3. poltrona = **armchair** *(àrmcear)*
4. camino = **fireplace** *(fàiarpleis)*
5. televisione = **television** *(televìjon)*
6. tappeto = **carpet** *(kàapet)*
7. pavimento = **floor** *(flóor)*
8. tavolo = **table** *(téibl)*
9. cucina = **kitchen** *(kìcen)*
10. scale = **stairs** *(stèars)*
11. camera da letto = **bedroom** *(bèdruum)*
12. letto = **bed** *(bèd)*
13. mensola = **shelf** *(scèlf)*
14/16. bagno = **bathroom** *(bàthruum)*
15. finestra = **window** *(uìndou)*
17. tende = **curtains** *(kértns)*
18. solaio = **loft** *(lòft)*
19. tetto = **roof** *(rùuf)*

CLOTHES
(klóuths) vestiti

1. giacca = **jacket** *(giàket)*
2. borsa = **bag** *(bègh)*
3. pantaloni = **trousers** *(tràusers)*
4. maglione = **sweater** *(suètar)*
5. sandali = **sandals** *(sàndals)*
6. scarpe da ginnastica = **gym shoes**
   (gìm sciùus)
7. camicia = **shirt** *(scèrt)*
8. specchio = **mirror** *(mìrror)*
9. gonna = **skirt** *(skèert)*
10. maglietta = **t-shirt** *(tì-scèrt)*
11. guanti = **gloves** *(glàvs)*
12. cintura = **belt** *(bèlt)*
13. scarpe = **shoes** *(sciùus)*
14. cappello con visiera = **cap** *(kèp)*
15. stivali = **boots** *(bùuts)*
16. calzini = **socks** *(sòks)*
17. cravatta = **tie** *(tài)*
18. cappotto = **coat** *(kóut)*
19. mutande = **pants** *(pènts)*

SUPERMARKET

(siūpermaaket) supermercato

1. marmellata = **jam** *(gèm)*
2. burro = **butter** *(bàtar)*
3. formaggio = **cheese** *(cìis)*
4. acqua = **water** *(uótar)*
5. biscotti = **biscuits** *(bìskits)* /
   cookies *(kùkis)*
6. uovo = **egg** *(ègh)*
7. latte = **milk** *(mìlk)*
8. limone = **lemon** *(lèmon)*
9. arancia = **orange** *(òreng)*
10. mela = **apple** *(èpl)*
11. patata = **potato** *(potéito)*
12. carota = **carrot** *(kàrrot)*
13. insalata = **salad** *(sàlad)*
14. fragola = **strawberry** *(stróberi)*
15. carrello = **trolley** *(tròli)*
16. pera = **pear** *(péar)*
17. banana = **banana** *(banàna)*
18. ananas = **pineapple** *(pàinepl)*
19. cliente = **customer** *(kàstomer)*
20. cassa = **counter** *(kàuntar)*
21. pane = **bread** *(brèd)*
22. zucchero = **sugar** *(sciùgar)*
23. cereali = **cereals** *(sìrials)*

SCHOOL

(skūul) scuola

1. cartina = **map** *(mèp)*
2. maestra = **teacher** *(tìciar)*
3. gesso = **chalk** *(ciók)*
4. libro = **book** *(bùk)*
5. alfabeto = **alphabet** *(àlfabet)*
6. lavagna = **blackboard** *(blèkbood)*
7. disegno = **drawing** *(dróin)*
8. penna = **pen** *(pèn)*
9. cattedra = **teacher's desk**
   (tìciars dèsk)
10. cestino = **basket** *(bàsket)*
11. zaino = **rucksack** *(ràksek)*
12. quaderno = **exercise book**
    (èksersais bùk)
13. matita = **pencil** *(pènsl)*
14. righello = **ruler** *(rùlar)*
15. sedia = **chair** *(cèar)*
16. cartella = **satchel** *(sàcel)*
17. alunno/alunna = **pupil** *(piùpl)*
18. banco = **desk** *(dèsk)*
19. aula = **classroom** *(klàssruum)*
20. computer = **computer**
    (kompiùtar)
21. forbici = **scissors** *(sìsers)*

THE TOWN

(dhe tâun) la città

1. auto = **car** *(kàr)*
2. monopattino = **scooter** *(skùtar)*
3. panetteria = **bakery** *(béikeri)*
4. pasticceria = **pastry shop** *(péistri sciòp)*
5. lampione = **street light** *(strìit làit)*
6. ristorante = **restaurant** *(rèstorant)*
7. semaforo = **traffic lights** *(tràfik làits)*
8. farmacia = **chemist's (shop)** *(kèmists sciòp)*
9. giocheria = **toy shop** *(tòi sciòp)*
10. libreria = **bookshop** *(bùksciop)*
11. bicicletta = **bicycle** *(bàisikl)*
12. vigile = **policeman** *(polìsman)*
13. fiorista = **florist** *(flòrist)*
14. strisce pedonali = **zebra crossing** *(zìbra kròsin)*
15. motocicletta = **motorbike** *(móutorbaik)*

ALTRI NEGOZI IN CITTÀ:

cartoleria = **stationer's** *(stéiscionars)*
macelleria = **butcher's** *(bàciars)*
calzolaio = **shoemaker's** *(sciùmeikars)*
pescheria = **fishmonger's** *(fiscmòngars)*
posta = **post office** *(póust òfis)*
meccanico = **mechanic** *(mekànik)*

AIRPORT

(èirport) aeroporto

1. aviorimessa = **hangar** (hèngar)
2. radar = **radar** (rèidar)
3. torre di controllo = **control tower** (kòntroul tàuar)
4. elicottero = **helicopter** (helikòptar)
5. autobus = **bus** (bàs)
6. aeroplano = **aeroplane** (èirplein)
7. scala per i passeggeri = **passengers stairs** (pèsengiar stèars)
8. imbarco = **gate** (ghéit)
9. pilota = **pilot** (pàilot)
10. passaporto = **passport** (pàssport)
11. controllo passaporto = **passport control** (pàssport kontròul)
12. passeggero = **passenger** (pèsengiar)
13. controllo di sicurezza = **security check** (sekiùriti cèk)
14. arrivi = **arrivals** (arràivals)
15. partenze = **departures** (dipàrciars)
16. controllo d'imbarco = **check in** (cèk in)
17. biglietto = **ticket** (tìket)
18. hostess = **hostess** (hòstes)
19. valigia = **suitcase** (sùtkeis)
20. carrello = **luggage trolley** (làgheg tròli)

RAILWAY STATION

(réiluei stéiscion) stazione ferroviaria

1. sala d'attesa = **waiting room** *(uéitin rùum)*
2. passeggero = **passenger** *(pèsengiar)*
3. treno = **train** *(tréin)*
4. tabellone = **timetable** *(tàimteibl)*
5. orologio = **clock** *(klòk)*
6. capostazione = **stationmaster** *(stéiscionmaster)*
7. deposito bagagli = **checkroom** *(cèkruum)*
8. obliteratrice = **stamping machine** *(stèmpin mascìn)*
9. valigia = **suitcase** *(sùtkeis)*
10. fila = **queue** *(kiù)*
11. binario = **track** *(tràk)*
12. fari = **headlight** *(hèdlait)*
13. finestrino = **window** *(uìndou)*
14. edicola = **newspaper kiosk** *(niùspeipar kiòsk)*
15. biglietteria = **ticket window** *(tìket uìndou)*
16. telefono = **telephone** *(tèlefon)*
17. bar = **bar** *(bàr)*

Per mille mozzarelle, mi sono proprio divertito a leggere tutte queste parole in inglese con la pronuncia facile... mi frullano ancora i baffi dall'emozione!

Abbiamo imparato tante nuove parole ma è stato divertente e adesso possiamo fare amicizia con i roditori di tutto il mondo! Parola d'onore di Stilton,

Geronimo Stilton

PROVA D'ACQUISTO
GERONIMO STILTON
IL MIO PRIMO
DIZIONARIO DI INGLESE
TASCABILE
9880